Henner Kotte **Um Kopf und Kragen**

Henner Kotte

UM KOPF
UND KRAGEN

Unbekannte Fälle aus dem Kuriositätenkabinett der
Kriminalistik

BILD
UND
HEIMAT

Henner Kotte studierte Germanistik in Leipzig, Moskau und Dresden und arbeitet heute als Schriftsteller, Redakteur und Theaterkritiker. Er lebt in Leipzig. Zuletzt erschien im Verlag Bild und Heimat in der Reihe *Blutiger Osten: Schüsse im Finsteren Winkel* (2013).

ISBN 978-3-86789-442-5

1. Auflage
© 2014 by BEBUG mbH / Bild und Heimat, Berlin
Umschlaggestaltung: Olga Klaus
Druck und Bindung: GGP Media GmbH, Pößneck

Ein Verlagsverzeichnis schicken wir Ihnen gern:
BEBUG mbH / Verlag Bild und Heimat
Alexanderstraße 1
10178 Berlin
Tel. 030 / 206 109 – 0

www.bild-und-heimat.de

Inhalt

Wir können uns nun das Dienstmädchen sparen!

Der Fall Levy, Berlin, 1896

»Dank den Frommen im Lande ruht Sonntags der Verkehr; die Geschäfte sind geschlossen; ... denn Gottesfurcht und fromme Sitte sollen keine leeren Begriffe sein; die Sonntagsheiligung gilt als probates Mittel gegen den Umsturz ... Handel, Geschäft und Gewerbe ruht; eins ruht aber auch am Sonntag nicht, das ist das Verbrechen; es ruht um so weniger, je förderlicher ihm eine erzwungene und übertriebene Sonntagsruhe ist, die manche gewohnte und natürliche Lebensthätigkeit unterbricht. Was hat der Verbrecher mehr zu fürchten als die allgegenwärtige Presse, die Macht der Öffentlichkeit und die zum Schutz für Leben und Vermögen berufene Polizei? Aber es ist Sonntag und da ist der Arm der Presse gelähmt. Eine grauenvolle That ist vollbracht, mitten in dem beliebtesten Theil der Reichshauptstadt im Herzen Berlins; sie ist verübt an einem der bedeutendsten und angesehendsten Anwälte unter Umständen, die allgemeines Entsetzen erregen. Aber es ist Sonntag ...«

Unrecht hat die *Vossische Zeitung* nicht mit diesem Kommentar auf Seite eins. Möglicherweise wären die Täter eher gefaßt worden. Möglicherweise. Denn in der Frühe des Sonntags, den 18. Oktober 1896, ist »eine Blutthat verübt worden, deren Opfer ein in weiten Kreisen bekannter, hochgeachteter und angesehener Mann wurde. Justizrath Meyer Levy ist in seinem Schlafzimmer ermordet worden. Die beiden Thäter ... sind entflohen und konnten bis heute Mittag noch nicht ermittelt werden. Nach der Auffassung der Polizei handelt es sich nicht um einen Racheakt, wie vielfach geglaubt wurde, sondern um die That von Dieben, die es auf die Beraubung des Justizraths abgesehen hatten und zum Mord schritten, weil sie in der Person des Mannes ein Hinderniß für ihre Absicht erkannten, das sie aus dem Wege zu räumen suchten. Man vermuthet, daß die Einbrecher durch eine Zeitungsmeldung, wonach dem Justizrath Levy eine Million Mark aus dem Meyerschen Nachlaß zur Vertheilung an die Erben zugegangen sei, auf die Vermuthung gekommen wären, bedeutende Beträge in der Wohnung vorzufinden. Weiter glaubt die Kriminalpolizei, daß es nicht gewohnheitsmäßige Verbrecher waren, sondern Leute, die sich für diesen besonderen Fall verbunden hatten. Man schließt dies aus der großen Ungeschicklichkeit, die bei der Ausübung des Verbrechens zu Tage trat … Die Verbrecher sind, nachdem die Hausthür morgens von einem Bäckerjungen, der die Frühstücksware abtrug und sich im Besitz des Hausschlüssels befand, geöffnet worden war, gegen sechs Uhr von der Straße hereingekommen und sind eine gewundene Treppe im Vorderhause bis zum Absatze in der halben Höhe des zweiten Sockels hinaufgestiegen … Die zwei Thäter stiegen nun vom Treppenabsatz aus durch ein großes Flurfenster auf die Seitengalerie hinaus, gingen durch die Glasthür, die nicht verschlossen war, in das Eßzimmer hinein und sahen von hier aus durch die offene Thür Levy und Frau im Bette liegen … Die beiden Verbrecher gingen um das Bett der Frau Levy herum gleich an das des Justizrathes heran, und einer von ihnen stieß mit einem Messer sofort auf diesen los und verwundete ihn durch Stiche im Genick, am Kopfe und an der Brust ohne ihn gleich anfangs tödlich zu treffen. Der alte Herr fuhr in die Höhe und das Geräusch, das dabei entstand, weckte auch seine Frau. Diese sprang, während fast zu gleicher Zeit auch der Mann aus seinem Bette halb herausfiel und halb heraussteig, auf und eilte um Hilfe schreiend an dem Bette des Mannes vorbei nach dem Zimmer zu, in dem das Dienstmädchen schlief. Dabei erhielt sie von dem einen Mordgesellen zwei Messerstiche in Schulter und Hand, die glücklicher Weise nicht bedeutend sind. Justizrath Levy schleppte sich seiner Frau nach zu dem Schlafzimmer des Dienstmädchens und brach hier zusammen. Das Mädchen, das unterdessen wach geworden war und sich halb angekleidet hatte, brachte den alten Herrn in das Schlafzimmer zurück und legte ihn in das Bett seiner Frau, weil sein eigenes mit Blut über und über besudelt war. Dann eilte es auf die Straße den Mördern nach, die das Weite gesucht hatten ...

Mit welcher Frechheit die Mörder vorgegangen sind, geht daraus hervor, daß sie, während die Überfallenen laut um Hilfe schrien, in einem dritten Zimmer noch alles durchsuchten. Eine Frau, die im dritten Stock des Hauses wohnt und von den Hilferufen erschreckt hinauseilte, sah einen der Verbrecher auf der Galerie stehen. Sie rief ihn an: ›Herrjeh, was ist denn bloß los, brennt's denn?‹ worauf dieser ganz harmlos antwortete: ›Na gewiß ist was los!‹ Hierauf nahm er seinen Überzieher, der über der Galerie hing und entfernte sich ohne große Eile. Auffallend erscheint es, daß eine Menge von Personen die Thäter am hellen Tage flüchtend gesehen haben wollen und daß diese dennoch bis jetzt noch nicht gefaßt worden sind ...

In einer polizeilichen Bekanntmachung, die erst heute früh an den Säulen erschienen ist, werden die Verbrecher wie folgt geschildert.: 1) untersetzt, 1,65 Ztm., ca. 25 Jahre, Anflug von Schnurrbart; schwarzensteifen Hut; 2) etwa 20 Jahre, weicher schwarzer Hut, Anflug von Schnurrbart ... Die Kleidung des einen muß mit Blut besudelt sein. Von der Familie sind 500 Mk. für die Ergreifung der Mörder ausgesetzt worden. Im Laufe des gestrigen Tages und in der verflossenen Nacht sind viele Sistierungen vorgenommen worden, indeß befanden sich die Verbrecher nicht unter den vorgeführten Personen. Zunächst wird von der Kriminalpolizei auf einen ehemaligen Büreaugehilfen des Justizraths Levy gefahndet, der um letzte Weihnachten herum wegen Diebstahls entlassen wurde. Die Entlassung ist damals durch den Büreauvorsteher Levys erfolgt. Besonders gravierend für den Gesuchten ist es, daß dieser angeblich einmal dabei ertappt worden ist, wie er auf demselben Wege, den jetzt die Verbrecher genommen haben, vom Flurfenster aus über die Galerie in die Levysche Wohnung eingedrungen ist. Der Bursche ist in seiner Wohnung nicht angetroffen worden; es es hat sich herausgestellt, daß er sich bereits seit vier Tagen dort nicht gezeigt hat.«

Das Mordopfer war in der Reichshauptstadt kein Unbekannter.» Justizrath Meyer Levy hatte im Berliner Anwaltsstande eine führende Stellung. Er wirkte seit dem Jahre 1872 in Berlin als Rechtsanwalt und Notar und war erst an den Gerichten der unteren Instanzen, später bis zu seinem Lebensende beim Kammergericht thätig. Bevor er nach Berlin übersiedelte war er Rechtsanwalt in Fraustadt, Provinz Posen, seiner Heimathsprovinz, wo er am 17. Januar 1833 zu Wollstein geboren war. Im Jahre 1853 trat er als Auskultator in den Justizdienst. Mit seiner Gattin, geborene Hirschberg, lebte er in der glücklichsten Ehe, der sechs Kinder entsproßten, drei Söhne und drei Töchter. Von den Söhnen ist der älteste Assessor, der zweite Referendar und der dritte Student der Medizin, während die Töchter an Rechtsanwälte vermählt sind. ... Seine Amtsgenossen wählten den, durch außerordentliches Wissen ausgezeichneten Mann in den Vorstand der Anwaltskammer und als Vorsitzender des Anwaltvereins begrüßte Justizrath Levy noch vor wenigen Wochen den deutschen Anwaltstag in Berlin. Auch als juristischer Schriftsteller war Justizrath Levy hochgeschätzt. Sein Kommentar zur Zivilprozeßordnung gehört zum Handwerkszeug jedes Juristen. In der letzten Zeit beabsichtigte er auch einen Kommentar zum bürgerlichen Gesetzbuch zu schreiben, an dessen Entstehen er den lebhaftigsten Antheil genommen hatte.«

Dienstag glaubt sich die Kriminalpolizei »auf der richtigen Spur ... Es handelt sich dabei um die Person des schon erwähnten jugendlichen Schreibers, der vor einiger Zeit aus dem Levyschen Büreau entlassen wurde und seit einigen Tagen sich aus der Wohnung seiner Mutter entfernt hat ... Der Verdacht, bei der Ermordung des Justizraths Levy betheiligt zu sein, lenkt sich auf den früheren Schreiber Bruno Werner, am 16. Februar 1880 in Berlin geboren ... Werner war zwei Jahre lang im Büreau des Ermordeten beschäftigt und wurde nach Weihnachten 1895 wegen kleinerer Veruntreuungen entlassen; ihm waren die Wohnungsverhältnisse sowie die Gewohnheiten des Levyschen Ehepaares genau bekannt; er war auch vetraut mit dem nicht ungefährlichen Wege, den die Mörder am 18. d.M. morgens genommen haben. Denn es ist festgestellt, daß er wiederholt vom Flurfenster aus in die Levysche Wohnung über die am Speisezimmer und den hinteren Wohnungsräumen vorbeiführende Hofgalerie geklettert ist. Nach der Art und Weise, wie die That ausgeführt wurde, muß angenommen werden, daß es die Thäter auf die Geldschrankschlüssel abgesehen hatten. Werner wußte genau, daß diese der Ermordete stets bei sich führte und sie nachts entweder in der Beinkleidtasche oder im Nachttischchen verwahrte. Werner war von Januar bis Mai d.J. Schreiber beim Rechtsanwalt Golde und ist wegen dort verübter Veruntreuungen entlassen worden. In der Nacht vom 9. Zum 10. d.M. ist in der Wohnung des Golde ein Einbruch ausgeführt, wobei der Thäter ebenso wie bei Levy über die am Seitenflügel entlang führende Galerie in die Wohnung gedrungen ist. Werner war dann in den Nagloschen Werken und in einem Drogengeschäfte beschäftigt. Diese Stellung hat er plötzlich aufgegeben unter der Vorgabe, Stellung bei den Elektrizitätswerken gefunden zu haben. Seit dem 16. d.M. ist er in die Wohnung seiner Mutter nicht gekommen ...« In einer Photographie des Werner glaubt ein Zeuge einen der flüchtenden Burschen wiederzuerkennen.

Mittwoch: »Die Kriminalpolizei hat ... einen der Mörder des Justizraths Levy ergriffen. Es ist der 17jährige Schlosserlehrling Wilhelm Grosse. Er ist geständig und bezeichnet als Anstifter und Mitthäter den gestern Abend noch nicht ergriffenen früheren Schreiber Levys Bruno Werner ... Grosse trägt die linke Hand, die er sich bei der Mordthat verletzt hat, in einem Verbande. Auf Grosse wurde der Verdacht durch den Arzt, bei dem er sich am Sonntag früh hatte verbinden lassen, gelenkt. Die Kriminalkommissarien Braun und Klatt begaben sich Montag Nachmittag nach dem Hause Georgenkirchstraße 53, wo Grosse bei seiner Mutter, der Witwe E. Grosse wohnt. Eben dort wohnt der der Anstiftung und Mitthäterschaft bezichtete frühere Schreiber des Justizraths Levy Bruno Werner. Wilhelm Grosse hat zugestanden, der Frau Levy zwei Messerstiche beigebracht zu haben; er hat sich dabei selbst an der Hand verletzt. Der Arzt einer Sanitätswache, wo er sich später die Hand verbinden ließ, machte von dem, was er gesehen hatte, dem Bruder des Grosse brieflich Mittheilung. In der nun als richtig erwiesenen Vermuthung, daß der Verletzte bei der Ermordung des

Justizrathes Levy betheiligt sein könnte, ging der ältere Grosse ... gestern Nachmittag um 1 Uhr mit dem Briefe des Arztes zum Polizeipräsidium am Alexanderplatz. Auf Grund des Briefes machten sich Beamte auf die Suche, bis es ihnen gelang, den Verfolgten im Grunewald zu fassen. Der Festgenommene hatte seit mehreren Tagen nichts genossen, da er ganz mittellos war; er sieht daher sehr elend aus ... Die Verhaftung des Werner glaubt man nun ebenfalls bald bewirken zu können.«

»Die Angaben, die der festgenommene Buchdruckerlehrling Willy Grosse über den Hergang bei der Ermordung des Justizraths Levy gemacht hat, scheinen durchweg auf Wahrheit zu beruhen und bestätigen bis aufs Einzelne die Kombinationen der Kriminalpolizei. Die That sollte schon am Morgen des 17. Oktober ausgeführt werden und zwar in der Art, daß Werner und Grosse an der Vorderthür klingeln, das öffnende Dienstmädchen mit dem Dolchmesser niederstoßen, dann die Levyschen Eheleute ermorden und den Geldschrank, dessen Schlüssel zu finden sich Werner anheischig gemacht hatte, ausrauben wollten. Dieser Plan mißlang, weil das Dienstmädchen die Vorderthür nicht öffnete und den Burschen zurief, sie möchten die Kiste Papier, die sie angeblich an den Justizrath abliefern wollten, zu einer geeigneten Tageszeit bringen. Werner machte nun den Vorschlag, den Plan am folgenden Morgen, dem Sonntag, auszuführen und die Levysche Wohnung auf dem ihm bekannten Wege durch das Flurfenster und die Hofgalerie einzudringen. Bis zur Öffnung der Hausthür durch den Bäckerjungen haben sich Werner und Grosse nach Angabe des Grosse auf der Straße umhergetrieben ... Nachdem Werner und Grosse aus dem Speisezimmer durch die offenstehende Thür in das Schlafzimmer eingedrungen waren, haben sie sich mit erhobenen Dolchmessern auf das Ehepaar gestürzt und zwar Werner auf auf den Justizrath und Grosse auf die Justizräthin. Da diese sich etwas aufgerichtet hatte, suchte Grosse sie mit der linken Hand niederzudrücken, während er mit der rechten Hand auf sie losstach. Dabei hat er sich die linke Hand durchstochen. Hierdurch erklären sich die starken Blutspuren und Blutspritzer, die auf der Galerie, am Flurfenster und im

Treppenflur bemerkt worden sind. Nachdem die Hilferufe der Frau die Mörder zur Flucht bestimmt hatten, ist der eine in der Richtung nach dem Gendarmenmarkt, der andere nach dem Wilhelmsplatz zu gelaufen … Dann haben sie sich beide an einem verabredeten Punkte im Thiergarten getroffen und sind nach dem Grunewald gegangen, wo sie auch zwei Nächte zugebracht haben. Sie hatten noch einige Pfennige bei sich und haben sich dafür Nahrung in Spandau gekauft. Am Mittag des 20. Oktober hat sich Grosse von seinem Mitschuldigen getrennt und ist nach der Wohnung seiner Mutter zurückgekehrt. Zwar erzählte er, daß er sich seine Hand an einer Glasscheibe verletzt habe, dies wurde ihm indeß von seinen Angehörigen nicht geglaubt. Bei der Kriminalpolizei war inzwischen ein Schreiben des Arztes, der den Grosse auf der Sanitätswache verbunden hatte, eingegangen. Der Arzt hatte in den Zeitungen gelesen, daß einer der Mörder stark mit Blut besudelt sein müsse und hatte deshalb geglaubt, den Grosse mit dem Morde in Verbindung bringen zu können. Da Grosse in demselben Hause wie der von der Polizei schon am 18. Oktober verdächtigte und gesuchte Werner wohnt, so lag es nah, in ihm einen Genossen der That zu suchen und zu finden … Werner treibt sich anscheinend noch im Grunewald umher und wird eifrig nach ihm gesucht.«

Die Fahndung läuft. Bruno Werners Steckbrief hängt an Litfaßsäulen, ist in den Zeitungen gedruckt. »Beschreibung: Alter: 16 Jahre, Statur: schlank, Größe: 1,60 Mtr., Haare: blond, kurzgeschoren, Stirn: frei, Augenbrauen: blond, Augen: blau, Nase: gewöhnlich, Mund: gewöhnlich, Zähne: vollständig, Kinn: rund, Gesicht: oval, Gesichtsfarbe: gesund, Sprache: deutsch, Kleidung: dunkles Jackett mit Klappkragen, eine Reihe Knöpfe und in der Taille durch eine im Innern angebrachte Schnur zusammengehalten, graue Hose, schwarzer Hut. Besondere Kennzeichen: er hat auf dem Kopfe in der Nähe des Scheitels einen helleren Haarbüschel.« Die Stadt nimmt Anteil, sucht den Mörder. »Im Laufe des gestrigen Tages sind wieder allerlei Gerüchte aufgetaucht, die von einer Festnahme Werners wissen wollten. Er war aber bis gestern Abend noch nicht ergriffen. Seine Mutter hat jetzt der Polizei erklärt, daß Bruno am Sonntag sofort nach der That nach Hause geeilt sei und dort mit seiner Mutter gesprochen habe … Seitdem will Frau Werner von dem Verbleib ihres Sohnes keine Kenntniß haben. Grosse hat, während er im Polizeipräsidium in Haft war, seinen Lebenslauf verfaßt. Der Stil seiner Ausarbeitung ist ungelenk, und auch mit der Rechtschreibung befindet sich der Verfasser auf Kriegsfuß, dagegen überraschte seine Handschrift, die sich recht hübsch und flott ausnimmt. Die Aufregung über den Levyschen Mord hat weite Kreise erfaßt. Wo irgendjemand verhaftet wird, der eine entfernte Aehnlichkeit mit den Thätern zu haben scheint, verbreitet sich mit Blitzesschnelle das Gerücht ›der Mörder Werner ist gefaßt‹ und gleich sind Hunderte von Menschen zu Stelle. Gestern Abend transportirte die Polizei durch die Königstraße einen jungen Menschen, und sofort waren alle Passanten angesichts der großen Menschenmenge ohne weiteres des Glaubens: Das ist der Mörder. Ein jeder wollte den Mörder sehen und folgte bis zum Polizeipräsidium, so daß die Polizei genöthigt war, die Menschenmenge zu zerstreuen … Die Mutter des Werner hat sich in ihr unglückseliges Geschick ergeben. Sie hat zu einem Berichterstatter geäußert: ›Greifen Sie ihn, greifen Sie ihn doch nur, mehr will ich ja nicht! Alle Welt soll der Polizei suchen helfen! Ich habe ihn zu nichts Schlechtem erzogen, sondern nur zum Guten. Die Vormünde sollten sich mehr um ihre Mündel bekümmern.‹« Letztlich werden über 40 junge Männer verhaftet. Mancher wird als Täter anderer Delikte überführt. Doch Bruno Werner bleibt verschwunden. Am 29. Oktober endlich die Eilmeldung: »Bei verschiedenen eingegangenen Nachrichten soll der Mörder des Justizrathes Levy, Bruno Werner, in Zellerfeld a. Herz verhaftet worden sein!«

»Werner war am Spätnachmittage des Mittwochs in Gesellschaft von drei Handwerksburschen auf der Osteroder Chaussee nach Klausthal gekommen. Auf der Osteroder Straße hat die Gesellschaft sich nach der Verpflegungsstation des Ortes erkundigt und ist nach Zellerfeld, das mit Klausthal dicht zusammenliegt, gewiesen worden … Am Donnerstag vormittag hat der Mörder in Gemeinschaft mit anderen Pfleglingen und Kämmereiarbeitern auf den Straßen Zellerfelds, um seine Kost zu verdienen,

Laub zusammengeharkt und ist aus der Goslarschen Straße den Anwohnern und Passanten durch sein knabenhaftes Aussehen aufgefallen; doch hat niemand den Mörder in ihm vermuthet. Dem Gendarmen Wickert fiel er zunächst durch seine ängstliche Zurückhaltung auf, dann wurde er an dem hellen Fleck erkannt, den Werner im Kopfhaar hat … Als er von Wickert herausgerufen und befragt wurde, erklärte er sofort: ›Ja, ich bin's, Werner.‹ Der Verhaftete weint fortwährend. Die Vernehmung durch den Amtsrichter ist noch im Gange. Wie nachts ausgegebene Extrablätter wissen wollen, hat Werner dem Gendarmen gegenüber angegeben, daß nicht er, sondern Grosse den Justizrath ermordet hat; er habe die Frau Levy gestochen … Nach seiner Verhaftung erzählte Werner selber, auf der Reise habe er ›gar keine Schereien‹ gehabt, überall sei er von Verpflegungsstationen aufgenommen worden. In Wernigerode habe er sich sogar bei der Polizei als obdachlos gemeldet und habe von ihr Nachtquartier angewiesen erhalten. Auffällig bleibt bei der Frechheit des jungen Burschen, sich auf den Verpflegungsstationen und sogar bei der Polizei als obdachlos vorzustellen, daß der Mörder seine Reise so weit hat ausdehnen können. So schlau wie der Zellerfelder Gendarm hätten am Ende noch andere Polizisten sein können, um so mehr, als die gesamte Polizeimacht durch den Steckbrief mobil gemacht war.«

Tags später wird Bruno Werner überstellt. »Von der Kriminalpolizei war, um große Menschenansammlungen zu vermeiden, die Ankunftszeit des Mörders geheim gehalten worden. So kam es, daß auf dem Bahnhofe sich nur wenige Besucher eingefunden hatten. Pünktlich um 9 Uhr 23 Minuten fuhr der Schnellzug ein; in der Mitte des Zuges befand sich ein Waggon dritter Klasse, dessen Nichtraucherabtheil zur Beförderung des jugendlichen Verbrechers gedient hatte. Sobald der Zug stand, beugte sich der Kriminalwachtmeister aus dem Abtheil und hinter der Gestalt des Beamten wurde der Mörder sichtbar. Im Nu hatte sich ein Menschenknäuel um das Kupee gedrängt. der Kriminalwachtmeister entstieg dem Wagen und nun erblickte das Publikum den Verbrecher, der, als er die Menge gewahrte, zurückprallte und den Wagen gar nicht verlassen wollte. Werner war ungefesselt. Das Gesicht des jugendlichen Mörders war todtenblaß, er trug den chokoladenfarbenen Ueberzieher und den schwarzen Filzhut. Im Publikum wurden entrüstete Rufe beim Anblick des Mörders laut: ›Mörder‹, ›Schuft‹, ›schlagt den Hund todt‹. Die Kriminalbeamten bildeten eine Kette, und scheuen, gesenkten Blickes schritt Werner geleitet von einem Kriminalkommissar und einem Polizeiwachtmeister durch eine Seitenthür des Bahnsteiges, die zu dem Droschkenplatz führt. In einer Droschke wurde Werner sodann nach dem Polizeipräsidium gebracht, wo er übernachten sollte, nachdem er ein kurzes Verhör zu bestehen hatte … Werner blieb bei seinen Aussagen, daß nicht er, sondern Grosse die tödtlichen Stiche dem Justizrath Levy beigebracht habe … Der Polizei erscheinen die Angaben des Werner, die in ihren Einzelheiten sehr genau sein sollen, glaubwürdiger als die des Grosse, der sich auf vieles nicht mehr will besinnen können.«

Kaum einen Monat später: der Prozeß. Zwei Nachbarsjungen, 16, werden angeklagt. »Die beiden Mörder des Justizraths Levy, der am 16. Februar 1880 geborene Arbeitsbursche Bruno Werner und der am 6. Juli 1880 geborene Laufbursche Willy Max Grosse, standen heute vor der neunten Strafkammer hiesigen Landgerichts I. Ihr jugendliches Alter macht es unmöglich, daß sie die ganze Schwere des Gesetzes trifft, und ist die Ursache, daß die Verhandlung nicht vor dem Schwurgericht, sondern vor der Strafkammer stattfindet. Die Anklage umfaßt nicht weniger als sieben Punkte, denn den jungen Verbechern fallen außer dem Kapitalverbrechen noch mehrere Diebstähle zur Last.

Präs.: Haben Sie die Schule alle Klassen hindurch besucht?
Werner: Ich kam bis zur ersten Klasse.
Präs.: Was wurde aus Ihnen nach Ihrer Einsegnung?
Werner: Ich kam als Schreiberlehrling zum Justizrath Levy.
Präs.: Wie lange blieben Sie dort?
Werner: Bis Anfang 1896.
Präs.: Warum kamen Sie dort fort?
Werner: Weil ich Gummischuhe gestohlen hatte.
Präs.: Wo fanden Sie dann Stellung?

Werner: Beim Rechtsanwalt Golde.

Präs.: Wie lange blieben Sie dort?

Werner: Bis Mai dieses Jahres.

Präs.: Wurden Sie dann entlassen?

Werner: Nein, ich ging.

Präs.: Warum?

Werner: Ich verdiente nur 30 Mk. monatlich.

Präs.: Mußten Sie das Geld Ihrer Mutter abgeben?

Werner: Jawohl, alles, ich behielt gar nichts für mich.

Präs.: Sie wurden nun Laufbursche in verschiedenen Geschäften, bis Sie anfangs September außer Stellung kamen?

Werner: Ja.

Präs.: Angeklagter Grosse, Sie sind der Sohn eines Postschaffners?

Grosse: Ja.

Präs.: Wann starb Ihr Vater?

Grosse: Als ich 10 Jahre alt war.

Präs.: Haben Sie einen schlechten Gang?

Grosse: Ja, ich hatte als Kind die englische Krankheit.

Präs.: Sie kamen ebenso wie Werner nach Ihrer Einsegnung zu einem Rechtsanwalt?

Grosse: Ja.

Präs.: Sie nahmen gleich ihm dann Stellung als Laufbursche?

Grosse: Jawohl.

Als Bruno Werner bei den Gebr. Naglo in der Anstellung beschäftigt war, führte er in Gemeinschaft mit Grosse am 9. August einen Diebstahl in folgender Weise aus: Die automatischen Kassetten der elektrischen Rundbahn wurden abends nach des Betriebes von dazu angestellten Knaben nach einer Zentralstelle und von dort nach der Fabrik gebracht. Dem Werner, der sich zum Mittransport erboten hatte, gelang es, eine der Kassetten verschwinden zu lassen und dem Grosse zuzustecken, der sich mit ihr entfernte. Der Inhalt im Betrage von etwa 100 Mk. wurde nach Gewicht geteilt. Hierauf faßte Werner den Plan, den Rechtsanwalt Golde, bei dem er früher beschäftigt war, zu bestehlen. Er wußte, daß dort die Haus- und Wohnungsschlüssel auf dem Telephonkasten zu liegen pflegten und der

Büreauvorsteher die Einnahmen nur einmal wöchentlich, und zwar des Sonnabends, an die Frau Rechtsanwalt Golde, abzuliefern pflegte. Darauf baute er seinen Plan. Grosse sollte die Schlüssel stehlen und Werner wollte dann mit deren Hilfe sich der Kasse bemächtigen. Am 1. Oktober klingelte Grosse an der Wohnung des Rechtsanwaltes Golde und bat das ihm öffnende Dienstmädchen um die Erlaubniß, das Telephon benutzen zu dürfen. Dies wurde gestattet, Grosse simulirte ein telephonisches Gespräch und entwendete dabei die Schlüssel. Als die Frau Golde hinzukam, entfernte er sich schnell und übergab die Schlüssel dem wartenden Werner. Der Schlüsseldiebstahl war aber bemerkt worden, und die Frau Rechtsanwalt ließ noch an demselben Tage die sämmtlichen Schlösser ändern. Beide Angeklagten begaben sich in der Zeit vom 1. Bis 9. Oktober zweimal zu der Goldeschen Wohnung; das erste Mal mußten sie unverrichteter Sache abziehen, weil die Wohnung bis spät erleuchtet war, das zweite Mal brach bei den Versuchen, die Hausthür zu öffnen, der Bart des gestohlenen Schlüssels ab. Am Sonnabend, 10. Oktober, schlich sich Werner in aller Frühe allein auf den Hof des Goldeschen Hauses, um allein den Diebstahl auszuführen. Unter dem Vorgeben, er sei Glaser und solle die Fenster der Goldeschen Wohnung verkitten, bat er einen Stallmann um eine Leiter. Er erhielt diese auch und gelangte so auf die an der Wohnung entlang führende Galerie und von dort in das Büreau. Hier erbrach er den Tischkasten des Büreauvorstehers, es fielen ihm jedoch nur 2,60 Mark baares Geld und für 1 Mk. Packetfahrtmarken zur Beute.

Nach diesem Mißerfolge reifte in den beiden Burschen der entsetzliche Plan, einen Diebstahl bei dem Justizrathe Levy, Mohrenstraße 53, auszuführen und die Levyschen Eheleute zu tödten. Werner wußte, daß der Justizrath sein Geld in einem eisernen Geldschranke verwahrte und die Schlüssel dazu bei Tage bei sich trug und nachts in nächster Nähe seines Lagers aufbewahrte. Die Schlüssel waren also nur zu erlangen, wenn dem Justizrathe Gewalt angethan wurde. Am 14. Oktober legten beide Angeklagten ihre Arbeit nieder. Werner erhielt 6 Mk. Lohn und besaß außerdem noch 1,50 Mk. Von diesem Gelde kauften sie für 5 Mk. zwei gleiche schwedische Dolchmessern … Am Abend des 15. Oktober wurde schon die Oertlichkeit ausgekundschaftet, die Ausführung der That wurde aber vereitelt, ebenso am 17. Oktober. Als sie an diesem Tage an der Levyschen Wohnung klingelten, hörten sie das Geräusch von zuklappenden Thüren, sie verloren deshalb den Muth und gingen hinab, um von der Hintertreppe einzudringen. Beim Passiren des Hofes bemerkten sie auf der Galerie, die an der Levyschen Wohnung entlang führt, drei Personen. Sie geben deshalb den Plan für diesen Tag auf und antworteten auf die an sie gerichtete Frage nach ihrem Begehr: sie brächten Papier, wollten aber des Trinkgelds wegen wiederkommen, wenn der Justizrath da wäre. Am 18. Oktober sind sie dann in aller Frühe durch das Flurfenster über die Galerie in das Schlafzimmer des Levyschen Ehepaares eingedrungen und haben kalten Blutes die furchtbare That begangen, deren Opfer der Justizrath wurde …

Präs.: Wir kommen nun zu dem Hauptpunkt der Anklage, der Ermordung des Justizraths Levy. Wie sind Sie zu diesem furchtbaren Plan gekommen?
Werner: Weil wir doch bei Golde nicht recht etwas gefunden hatten, wollten wir bei dem Justizrath Levy einen Diebstahl ausführen.
Präs.: Wer ist zuerst auf den Gedanken gekommen? Doch wohl Sie, Werner, denn Sie wußten mit den Verhältnissen bescheid.
Werner: Ich habe bloß mal leichthin davon gesprochen, durch vieles Hin- und Herreden ist es dann wirklich dahin gekommen.
Präs.: Grosse, Sie waren damit einverstanden?
Grosse: Jawohl, ich habe mich dazu bereit erklärt.
Präs.: Angekl. Werner, Sie haben früher einmal gesagt, daß Grosse Geld unterschlagen habe und dieses ersetzen mußte. Haben Sie daraus den verbrecherischen Plan gefaßt?
Werner: Das hat den Plan beschleunigt.
Präs.: Sie haben früher behauptet, daß Sie einmal zusammen die Mohrenstraße entlanggingen, der Plan, bei dem Justizrath Levy zu stehlen, in Ihnen gereift ist.
Werner: Das ist richtig.

Präs.: Wie wollten Sie denn den Diebstahl ausführen?

Werner: So wie er ausgeführt ist, durch Klettern auf die Galerie.

Präs.: Sie haben früher einmal angegeben, daß der Plan zunächst dahin gegangen sei, an der Wohnung des Justizrathes Levy zu klingeln, das Mädchen niederzustechen und den Diebstahl auszuführen. Sie wußten, wo der Justizrath sein Geld bewahrte?

Werner: Ich vermuthete es wenigstens.

Präs.: Sie behaupten, daß Sie zunächst nicht die Absicht hatten, zu morden, sondern Ihr Plan ging ursprünglich dahin, die Frau Justizräthin zu knebeln, Sie haben sich sogar für 5 Pf. Bindfaden dazu gekauft.

Werner: Ja.

Präs.: Sie vermutheten, daß im Bette rechts der Justizrath Levy und im Bette links die Frau Justizräthin schliefe.

Werner: Ja.

Präs.: Tatsächlich aber war es umgekehrt. Sie Werner sollten als der Schwächere sich auf den schwächlichen Mann, Sie Grosse, als der Stärkere, sich auf die kräftigere Frau werfen.

Werner: Ja.

Präs.: Ursprünglich war die That auf den 16. Oktober geplant. Sie hatten sich Dolche gekauft und Sie, Werner, hatten das letzte Geld, was Sie besaßen, dazu verwendet?

Werner: Ja …

Präs.: Nun, Werner, erzälen Sie, was Sie thaten, als Sie die Thür geöffnet hatten?

Werner: Eine Stimme fragte: ›Wer ist da?‹

Präs.: War es die Stimme des Justizrathes oder seiner Frau?

Werner: Es war die Stimme der Frau.

Präs.: Lag sie in dem Bette rechts oder links?

Werner: Ich hatte geglaubt, daß der Herr Justizrath im Bette rechts lag, aber ich sah, daß wir uns geirrt hatten, im Bette rechts lag die Frau Justizräthin. Ich stürzte sofort mit erhobenem Messer auf sie los und stieß gegen sie. Wohin ich traf, weiß ich nicht. Sie sank ins Bett zurück, ich stieß noch mehrere Male nach ihr, dann ergriff ich die Flucht, weil sie um Hilfe rief.

Präs.: Was machte nun Grosse in dieser Zeit?

Werner: Das habe ich nicht gesehen.

Präs.: Dem Richter in Zellerfeld gegenüber haben Sie sich aber viel bestimmter ausgedrückt. Sie haben damals gesagt, daß Sie gesehen hätten, wie Grosse auf den Justizrath eingestochen habe.

Werner: Nein, so bestimmt habe ich mich nicht ausgedrückt, ich habe nur gesagt, daß ich annehmen müsse, Grosse habe auf den Justizrath eingestochen, während ich mit der Frau zu thun hatte.

Präs.: Haben Sie den Herrn Justizrat denn nicht auch gestochen?

Werner: Nein, vorsätzlich nicht.

Präs.: Ja, was soll das heißen?

Werner: Als ich den ersten Stich gegen die Frau Justizrath geführt hatte, rief sie nun Hilfe, worauf der Justizrath von seinem Bette sich nach dem Bette seiner Frau hinüberbeugte, um ihr zu Hilfe zu kommen. Es kann sein, daß er dabei in die Nähe ihres Kopfes oder ihres Oberkörpers gekommen ist und dabei ist es denn auch möglich, daß einige Stiche, die ich gegen die Frau richtete, den Mann trafen.

Präs.: Nun kommen wir zu Ihrer Thätigkeit, Angeklagter Grosse. Was thaten Sie, als die Frage ›Wer ist da?‹ aus dem Schlafzimmer ertönte?

Grosse: Wie verabredet war, sollte ich in das linke Bett stechen, in dem wir die Frau Justizräthin vermuteten. Ich stürzte in der Dunkelheit darauf zu, ich weiß aber nicht, ob ich den Herrn Justizrath gestochen habe, ich bin der Meinung, daß ich auf die Frau Justizräthin einstach. In der Aufregung mag es geschehen sein, aber ich weiß es nicht.

Präs.: Sie sind augenscheinlich bestrebt, die tödtlichen Stiche, die dem Justizrath zugefügt sind, einer dem anderen in die Schuhe zu schieben, aber ich kann Ihnen sagen, daß es für die Strafabmessung ganz gleichgültig ist. Sie haben beide gemeinschaftlich gehandelt, Sie mußten und wollten geplanter Weise das Ehepaar ermorden, um in den Besitz der Schlüssel zu gelangen, um dann den Diebstahl ausführen zu können. Werner, sehen Sie dies ein?

Werner: Ja.

Präs.: Und Sie, Grosse, wollen Sie nicht lieber einräumen,

daß Sie bewußter Weise die Stiche gegen den Herrn Justizrath führten?

Grosse: Ich muß dabei bleiben, daß ich glaubte, die Frau Justizrath vor mir zu haben, ich meine, nur auf die Frau Justizrath eingestochen zu haben.

Präs.: Hatten Sie nicht früher den Plan, sich bei der That mit Schußwaffen zu versehen?

Werner: Ja, aber wir wollten sie nur zu unsrer Vertheidigung benutzen. Erst wollten wir das Dienstmädchen, das uns öffnen sollte, niederstoßen, aber dann kamen wir zu der Ansicht, das wir uns den Mord des Dienstmädchens ›sparen‹ konnten. Wir nahmen dann den Weg durch das Fenster und über die Galerie und flohen auf demselben Wege.

Rechtsanwalt Hofstädt: Bezüglich der Vorgänge nach der That möchte ich gern wissen, ob es richtig ist, daß Werner die Frechheit gehabt hat, vor seiner ersten Flucht noch einmal zurück zukehren und das vor der Thür des Hauses Mohrenstraße 53 stehende, Hilfe schreiende Dienstmädchen zu fragen, was denn eigentlich los sei.

Dies wird durch Befragen des Werner bestätigt.

Rechtsanwalt Hofstädt: Schließlich möchte ich noch fragen, ob es richtig ist, daß er durch seine Thätigkeit bei Rechtsanwälten ganz genau darüber unterrichtet war, daß beide Angeklagte in Folge ihrer Jugend nicht zum Tode verurteilt werden können. Er soll erst nach der That den Grosse in dieser Beziehung unterrichtet haben.

Präs.: Werner, Sie haben doch ganz genau gewußt, daß Sie bei der Verübung eines Mordes nicht vor die Geschworenen gestellt und nicht zum Tode verurtheilt werden können.

Werner: Das war mir bekannt, aber Grosse wußte es auch ganz genau.

Grosse: Das ist nicht wahr.

Werner: Gewiß. Grosse sagte mir: Geköpft werden wir nicht. Wir sind in jugendlichem Alter und da wird es heißen, es gibt mildernde Umstände und höchstens fünfzehn Jahre Gefängnis.

Grosse: Das ist nicht wahr.

Präs.: Werner, Sie haben einmal in der Voruntersuchung ausgesagt, daß Sie den Mord nicht ausgeführt haben würden, wenn für Sie Todesstrafe darauf stand.

Werner: Das lasse ich dahingestellt ...

Präs.: Hören Sie, Werner, Sie waren doch nicht in Noth, Sie verdienten Ihr Brod, was können Sie zu Ihrer Entschuldigung angeben?

Werner: Grosse war immer in Geldverlegenheit. Er brauchte immer Geld und ich mußte es anschaffen. Dadurch bin ich zu der That gekommen.

Grosse: Ich habe niemals Werner gedrängt, mir Geld anzuschaffen, wenigstens nicht so, daß er zu dieser That hätte bestimmt werden können ...

Die Beweisaufnahme ist beendet und Staatsanwalt nimmt das Wort zu folgenden Ausführungen: ›Es ist eine ganz außerordentliche That, die heute dem Urtheile des Gerichtshofes unterbreitet worden ist. So kurz die Verhandlung gewesen ist, so hat sie doch ein Bild außerordentlicher sittlicher Verkommenheit zweier kaum dem Knabenalter entwachsenen Burschen entrollt. Es ist ein trostloses Bild, zu sehen, wie zwei Leute in diesem jugendlichen Alter im Strudel der Großstadt von Fehl zu Fehl getrieben werden, lediglich aus Geldsucht, lediglich in dem Hange, auf jeden Fall sich Geld zu verschaffen. Die beiden Angeklagten sind Menschen, die nirgends bei ehrlicher und ruhiger Arbeit ausharrten, sondern immer die Erwägung mit sich herumschleppten, wo und wie sie wohl mehr verdienen könnten. Neben diesem Bild der Verwahrlosung ist es auch traurig zu sehen, wie diese halbwüchsigen Burschen kalt und gefühllos in ein glückliches Familienleben eingriffen. Die Angeklagten haben wie die Bestien gehandelt. Sie haben einer Frau ihr ganzes Glück geraubt und einen Mann hingeschlachtet, der eine Zierde seines Standes war ... Die That, um die es sich heute handelt, hat in allen Kreisen die ungeheuerste Aufregung verursacht, die noch bedeutend wachsen mußte, als man sah, daß solch jugendliche Leute fähig waren, eine solche entsetzliche That kalten Blutes zu begehen. In der Oeffentlichkeit ist im Anschluß hieran die Frage erörtert worden, ob denn nun die gesetzliche Sühne der Schwere der That entspricht. Wenn man hört, daß diese jungen Burschen sich ganz klar darüber waren und diese Klarheit schon beim Ausbrüten des Planes in die Wagschale werfen, nämlich, daß ihnen höchstens 15 Jahre Gefängniß in Aussicht standen, so kann man sich in der That fragen, ob die Sühne genügt und ob solche Burschen nicht eine Strafe verdienen, die täglich und stündlich ihnen fühlbar zum Bewußtsein bringt, was es heißt, einen Menschen zu tödten ... Es ist schließlich ganz gleichgültig, wer nun gerade den tödtlichen Stich gegen den Justizrath geführt hat, es ist ganz gleichgültig, daß nun keiner der Thäter sein will ... Mit vollständig klarer Überlegung aller Konsequenzen haben sie den Plan ausgeführt und mit einer Zähigkeit verfolgt, die erstaunlich ist. Mit welcher Frivolität sie gehandelt, ergiebt sich daraus, daß, als sie den ersten Plan des Diebstahls aufgeben und den zweiten gefaßt hatten, Werner mit unglaublichen Zynismus sagte: ›Wir können uns nun das Dienstmädchen sparen!‹ Das ist empörend und furchtbar! Mit Rücksicht hierauf giebt es nur eine Strafe: die höchste, die das Gesetz zur Verfügung hat: Fünfzehn Jahre Gefängniß ...

Der Vertheidiger sucht sodann auszuführen, daß die Angeklagten keine Berufsverbrecher seien, denn solche würden sich nicht so dumm und thöricht benommen haben, wie die Angeklagten es gethan. Mit für fünf Pfennige Bindfaden zwei erwachsene Menschen knebeln zu wollen, welche Einfalt und Dummheit! Das Verbrechen könne allerdings als ein, allerdings von den furchtbarsten Folgen begleiteter, ›Dummer Jungenstreich‹ bezeichnet werden. Der Vertheidiger meint, daß Grosse wohl derjenige gewesen sei, der unter dem Einflusse des viel gewitzteren Werner gestanden habe. Das Einzige, was man vielleicht für eine Milderung für Werner anführen könne, sei, daß er gern Indianergeschichten gelesen habe. Ueber das Strafmaß wolle er nicht sprechen, er wisse, daß er zu Richtern rede, die nicht abweichen würden von dem Grundsatz: ›Fiat justitia!‹

Das Wort wird dann dem Angeklagten Werner zu seiner Selbstvertheidigung ertheilt: Mit fester Stimme erklärt er, daß es nicht richtig sei, daß er den Grosse verführt habe. Umgekehrt sei es wahr. Große habe noch verschiedene Diebstähle und Schlechtigkeiten begangen. Schon in der Schule habe er Bücher gestohlen und sie verkauft. Er habe ihn auch zu überreden versucht, mit einer größeren Summe durchzubrennen, sobald ihm eine solche mal anvertraut werde. Der Angeklagte Grosse bezeichnete dies als Unwahrheiten. Seine Mutter habe ihn stets vor Werner gewarnt und gesagt, er solle nicht mit ihm umgehen, denn der habe nichts Gutes im Kopfe ...

Nach kurzer Berathung verkündet der Vorsitzende das Urtheil des Gerichtshofes. Um wenigstens die Sühne zu erreichen, die nach dem bestehenden Gesetz möglich ist, mußte auf die zulässige Höchststrafe erkannt werden. Auf die Frage des Präsidenten, ob sie sich bei dem Urtheil beruhigen wollen, erklärt Werner mit lauter fester Stimme ›Jawohl‹. Grosse, der während der Ausführungen des Staatsanwalts wiederholt geweint hat, erklärt sich gleichfalls zum Antritt der Strafe bereit.«

»Der Mordprozeß gegen Werner und Grosse hat gestern, wie zu erwarten war, mit der Verutheilung der beiden Angeklagten zu der höchsten zulässigen Strafe, 15 Jahren Gefängniß, geendet. Es hat dabei auf Seiten der Staatsanwaltschaft nicht an der gutgesinnten Presse her bekannten Andeutungen gefehlt, daß eine täglich und stündlich fühlbare Sühne für die beiden Verüber der abscheulichen That am Platze wäre ... Wohl aber verdient die Art der Vertheidigung, die den beiden Angeklagten gewährt wurde, einige Beleuchtung. Das war ein seltsames Auftreten. Einer der Vertheidiger bezeichnete es als ein ›Unglück‹, als Rechtsbeistand für die beiden jugendlichen Mörder dienen zu müssen, beneidet den Staatsanwalt, weil dieser sich aussprechen könne, wie ihm ums Herz sei und schreitet dann zu einer Vertheidigung nicht des Angeklagten sondern des gemordeten Justizraths, der den in seinem Büreau ausgebeuteten Knaben immerhin genügend entlohnt habe, weil ihm außer dem Hungerlohn von 25 M. auch noch ein Mittagessen gereicht worden sei! So furchtbar die Tragödie war, die gestern ihren äußerlichen Abschluß gefunden hat; hier fing ein Stich ins Gräßlich-Komische an. Nach solcher Art der Vertheidigung kann es nicht überraschen, daß beide Rechtsanwälte sich beeilten, gleich dem

Staatsanwalt, die höchste Strafe zu beantragen, die überhaupt in diesem Falle zulässig ist. Da nimmt es auch nicht weiter wunder, daß keiner der beiden Advokaten auf das für die Vertheidigung so dankenswerthe Gebiet der sittlichen Gefahren einging, denen die beiden jungen Menschen im Betiebe eines Rechtsanwalts ausgesetzt waren. Wurde solches etwa corps d'esprit, aus Pietät gegen den Ermordeten vermiegen? Solche Rücksichten waren doch am allerwenigsten am Platze, wo es sich um einen Krebsschaden schlimmster Art handelt, wo es nöthig gewesen wäre, die Wirkungen eines Giftes zu zeigen, das viel schlimmer war, als alle Indianerbücher zusammen genommen.

Vor kurzem war die unglückliche Mutter des Werner bei uns. Sie erzählte, wie ihr 14jähriger Sohn sie in seiner Herzenseinfalt nach der Bedeutung gewisser in der Oeffentlichkeit kaum anzudeutender Worte und Ausdrücke gefragt habe, die er aus den Akten von Ehescheidungs- und ähnlichen Prozessen habe abschreiben müssen. Als er die Verlegenheit der Mutter gemerkt habe, sei er roth, feuerroth im Gesicht geworden. Später habe er nicht mehr gefragt. Der Junge mag anderweitig belehrt worden sein.

Wir wollen auf den einzelnen keinen Steinwerfen, aber in der ganzen Art, wie noch im Knabenalter stehende junge Menschen von Rechtsanwälten ausgenutzt werden, liegt eine sittliche Gefahr, wie sie schlimmer kaum gedacht werden kann. Pflicht des Vertheidigers wäre es gewesen, rücksichtslos und sachgemäß alle Ursachen anzuführen, aus denen heraus ein 16jähriger Knabe zum skrupellosen Verbrecher furchtbarster Art werden konnte. Ob andere Leute außer uns das vom Vertheidiger Versäumte nachholen werden und ob etwas geschieht, um die sittlichen Gefahren, denen junge Menschen bei denkbar niedrigster Entlohnung in Advokatenschreibstuben ausgesetzt sind, zu beseitigen?«

Quellen

*Vossische Zeitung, Vorwärts, Berliner Neuste Nachrichten,
Berliner Tageblatt,* Oktober–Dezember 1896.
Hugo Friedländer: *Interessante Kriminalprozesse.* Berlin 2001.

Auf die Übersendung der Urne wird nicht bestanden

Otto Theodor Schulze – ein Fall in der deutschen Geschichte, 1920–1927

Fünf Akten des Dreifachmörders O. T. Schulze zeigen neben Täter, Opfer und Polizeiarbeit auch Spuren der deutschen Geschichte. Sehr persönlich: In einem der Hefter finden sich in einem brüchigen Papiertütchen Hosenträger: Hellbraun. Festes Gewebe. Unten zweigeteilt mit Löchern für die Knöpfe am Hosenbund. In einem andren Umschlag: Gewebeproben eines teuren Anzugstoffs. Im weiteren Ordner zwischen Berichten, Protokollen und Gutachten: ein kleines grünes Heft. Darin in krakeliger Handschrift Erinnerungen, Gedanken, Wutausbrüche. Gereimt und ungereimt von Oteschu. So nennt sich deren Verfasser: Otto Theodor Schulze – im Jahre 1920 tötete Oteschu in Knauthain Hermann und Karoline Panzer und den Gemeindekassierer Woldemar Bergmann auf brutale Weise. Jahrzehnte beschäftigte dieser Fall Justiz- und Polizeibehörden. Oteschu – das Foto zeigt einen jungen Mann mit breitem Kiefer und tiefliegenden Augen. Sein Blick bleibt im Dunklen. Die Wangen eingefallen. Haare kurz. Es ist kein Fahndungsfoto, wahrscheinlich ließ sich Oteschu für Ausweis oder Paß portraitieren. Andere Fotos in den Akten zeigen nicht ihn, sie zeigen seine Taten. Blut und Hammer. Blut und Leichen. Mordhaus und zerstörtes Mobiliar. Die Akten berichten vom Kriminalfall, doch sie dokumentieren weit mehr.

I. Ausbildung – Chemnitz, 1919
Otto Theodor Schulze »wurde am 30.9.1902 in Leipzig geboren, wo seine Eltern eine größere Gastwirtschaft («Friedenfels«) besaßen. Bis zu seinem 14. Lebensjahr ging er in Leipzig

in die damalige 5. (am Schletterplatz), später 9. Bürgerschule (Reudnitz) und wurde Ostern 1917 entlassen. Er erlernte dann auf Wunsch seines Vaters den Kellnerberuf und befand sich zu diesem Zwecke von Ostern 1917 bis Ostern 1920 in Chemnitz im Hotel *Continental*.«

Das *Continental* war in der Stadt erste Adresse. Der Vater hatte seine Kontakte spielen lassen, um seinen Sohn Otto Theodor in diesem guten Haus die Ausbildung zu ermöglichen. Das Gebäude steht noch immer in Chemnitz, Bahnhofstraße 6. »Das ehemalige fünfgeschossige Hotel *Continental* wurde Mitte der 90er Jahre in ein Geschäftshaus umgebaut und vollständig saniert. Im Kellergeschoß befinden sich Archivflächen und die Tiefgarage. Erschlossen wird das Gebäude durch einen Aufzug und ein Treppenhaus«, wirbt der Vermieter. Das nunmehrige »Bürohaus befindet sich am Bahnhof im citynahen Rand von Chemnitz. In unmittelbarer Nähe befinden sich die Technische Universität, das Opernhaus sowie Hotels und gastronomische Einrichtungen. Öffentliche Verkehrsmittel befinden sich direkt vor dem Objekt. Das Stadtzentrum ist nach ca. 2 km und die Autobahnen A4 sowie A72 sind nach ca. 7 km zu erreichen.«

Gingen einst Gäste und Gesellschaft im Hause ein und aus, speiste, trank und amüsierte sich, änderte sich das Besucherklientel in den Kriegsjahren. 1918 war der Kampf beendet, doch kam Sachsen nicht zur Ruhe. Die Soldaten kehrten zurück. Die Revolution wird ausgerufen, die kommunistische Partei gegründet. Die Republik hat es in ihrer Geburtsstunde schwer. Die Menschen haben andere Sorgen und demonstrieren. »Der Fahne nach wälzten sich müde Haufen, regellos durcheinanderstapfend. Weiber marschierten an der Spitze. Sie schoben sich mit breiten Röcken voran, die graue Haut der Gesichter hing in Falten über spitzen Knochen. Der Hunger schien sie ausgehöhlt zu haben. Sie sangen aus ihren dunklen, zerfransten Umschlagtüchern heraus mit scheppernden Stimmen ein Lied, dessen Rhythmus nicht zu der zögernden Schwere ihres Ganges paßte. Die Männer, alte und junge, Soldaten und Arbeiter und viele Kleinbürger dazwischen, schritten mit stumpfen zermürbten Gesichtern, in denen ein Schimmer dumpfer Entschlossenheit stand, und nichts weiter als das, fielen immer wieder in den Gleichschritt und bemühten sich dann, wie ertappt, die Füße enger oder weiter zu setzen. Viele trugen ihr Blechkännchen mit sich, und der nassen, vom Regen mit dunklen Flecken getünchten roten Fahnen beulten sich Regenschirme über dem Zug.« In Dresden stürmen die Versehrten das Kriegsministerium: Der Sold soll ihnen gekürzt werden. Die neue Regierung steht vor dem Bankrott. Die aufgebrachten Massen stürzen den Minister in die Fluten der Elbe und schießen ihn tot. Der Belagerungszustand wird ausgerufen, die Reichswehr sorgt fortan für Ruh' und Ordnung.

Im *Continental* lernt Otto Theodor das Servieren. »Gabel links, Messer und Löffel rechts eindecken, jeweils 1–2 cm von der Tischkante entfernt. Weingläser über die Messerspitze, Wasserglas rechts davon etwas nach unten ...« Und nicht nur das: Auch sexuell wird der Lehrjunge reifer. Es kommt zu ersten homosexuellen Kontakten. »Ein älterer Kollege belehrte« den jungen Mann. Otto Theodor lebt seine Neigung aus.

Wie das Land ist auch der Hotelbetrieb aus den Fugen. Im *Continental* residiert der Chemnitzer Arbeiter- und Soldatenrat. »Vom Matrosenaufstand Anfang November 1918 ausgehend, bildeten sich zu Beginn der Revolution von 1918/19 in nahezu sämtlichen deutschen Städten Räte von revolutionär gesinnten Arbeitern und Soldaten. In einer spontanen Volkserhebung übernahmen sie von der als nicht mehr legitimiert angesehenen lokalen Macht die politische Gewalt. Wichtigste Aufgabe der lokalen Räte waren die Aufrechterhaltung der öffentlichen Sicherheit sowie die Bewältigung der katastrophalen Lebensmittelversorgung. Obwohl sie untereinander kein einheitliches Programm verband, traten nahezu alle Räte für die Beseitigung des monarchischen Obrigkeitsstaats und für eine Republik auf parlamentarischer Grundlage ein.«

Die Räte versuchen, die Stadt zu führen, ordnen an, erlassen Maßnahmen, um Sicherheit und Leben zu ermöglichen. Soldaten patrouillieren im Vestibül des *Continental*. Sie sind bewaffnet. In der Halle war ein Maschinengewehr aufgestellt, »eine vollautomatische Schußwaffe, die für das Verschießen von Gewehrmunition eingerichtet ist. Maschinengewehre feuern bei Betätigung des Abzugs so lange Projektile ab, bis der Abzug wieder gelöst, die Munitionszufuhr unterbrochen wird oder eine Störung auftritt. Der Mechanismus des automatischen Ladens wird (damals) durch den Druck der sich entspannenden Pulvergase realisiert.« Natürlich beeindruckt ein Maschinengewehr einen Jungen in der Nachkriegszeit, davon hat er viel gehört. So auch Otto Theodor: »Da ich mich lebhaft für die Beschaffenheit desselben interessierte, erklärte mir der diensthabende Posten, das Gewehr und seine Handhabungen. Bei dieser Gelegenheit kam eine im Gewehr sitzende Patrone zur Entladung und tötete einen Menschen.« Ein Unbeteiligter, der das Vestibül durchschritt, starb an dieser Schußverletzung. Die Polizei ermittelt. Es kommt zum Prozeß. Der Lehrjunge wird freigesprochen.

Und doch belastet Otto Theodor Schulze das Geschehene. »Über den Chemnitzer Vorfall habe ich mir Gedanken gemacht, weil ich in gewissem Sinne doch die Schuld hatte. Dieses Bewußtsein bin ich nie losgeworden, auch später nicht, als ich mein etwas bewegtes Leben zu führen anfing. Ich bin der Ansicht, daß gerade die Chemnitzer Sache die Ursache dazu mit gewesen ist.«

2. Auslöschung – Knauthain, Vorweihnacht 1920

Nach abgeschlossener Lehre hielt es Otto Theodor Schulze nicht an einem Ort. Er begab sich zunächst »nach Knauthain, wo seine Eltern inzwischen (1919) den Gasthof am Park [Ritter-Pflugk-Str./Knuthstr., mittlerweile abgerissen; Anm.d.A.] gekauft hatten und diesen bewirtschafteten. Ende April 1920 ging er nach Wildbad als Saalkellner. Im Juni 1920 starb sein Vater, zu dessen Beerdigung er wieder nach Knauthain kam; darnach fuhr er wieder zurück nach Wildbad, von wo er wegen schlechten Geschäftsganges am 9. VIII. 1920 nach Knauthain zurückkehrte. Hier blieb er bis zum November 1921. Den Gasthof übernahm sein Schwager Däweritz 1922 von seiner Mutter pachtweise und nach deren 1924 erfolgten Tode als Inhaber. Der Angeklagte begab sich nach seinem Weggang von

Knauthain zunächst nach Berlin, dann nach Hamburg, von da nach verschiedenen Städten am Rhein, in der Pfalz und nach Frankfurt a.M., kam später (1926) wieder nach Leipzig, ging nach Naunhof, dann nach Berlin, kam 1927 im August wieder nach Leipzig, fuhr aber auf Wunsch seines Schwagers nach Köln, wohin ihm dieser die Fahrkarte kaufte, ging von Köln nach Düsseldorf, dann zurück nach Köln und schließlich nach Frankfurt a.M. Er hatte in diesen Zeiten nur vorübergehend Stellungen, führte ein leichtsinniges, unstetes und teilweise unordentliches Leben, machte sich verschiedentlich wegen Betruges, Diebstahls und Untreue straffällig, weshalb er auch, teilweise nicht unerheblich, verurteilt wurde.« Als Ursache für den unsteten Lebenswandel, seine häufigen Stellungswechsel gibt Schulze an: »Ich wollte frei sein!« Er bleibt es bis zum Oktober 1927.

Da stellte sich Otto Theodor Schulze »in Frankfurt a.M. der Polizei wegen verübter Betrügereien und eines am 3.X.1927 in Düsseldorf begangenen schweren Diebstahls, da er keinen Ausweg mehr wußte. Nach seinem Weggange aus Knauthain 1921 kam er verschiedentlich vorübergehend, mehrfach in abgerissenen Kleidern ohne Geld wieder dorthin, wo er von seiner Mutter und nach deren Tode von seiner Schwester und seinem Schwager mit Sachen und Geld ausgestattet wurde. Er glaubte, nach dem Tode seines Vaters von seiner Mutter und seinem Schwager Däweritz, und nach dem Tode seiner Mutter von letzterem, insbesondere bei der Übernahme des Gasthofes durch diesen in seinem Erbansprüchen benachteiligt und in den Erbangelegenheiten hintergangen worden zu sein. Es kam deshalb wiederholt zu ernsten Streitigkeiten. Schulze, der von seiner Mutter oft Geld verlangte, trat dieser, wenn sie ihm das gewünschte Geld nicht geben wollte oder ihn wegen seines Lebens Vorhalt machte, in jähzorniger Weise entgegen, wie es der Oberlehrer Siegmund nach seinen Bekundungen noch nie sonst gesehen hatte, er fletschte vor Wut gegen seine Mutter die Zähne, warf ihr bösartige Blicke zu, so daß der Zeuge Siegmund, der auf Antrag der Mutter, die nach dem Tod des Vaters mit dem Angeklagten nicht mehr fertig werden konnte, dieser als Beistand vor Gericht beigeordnet war, die Empfindung hatte, daß, wenn er bei solchen Vorfällen nicht zugegen gewesen wäre, der Angeklagte noch ganz anders, – tätlich – , gegen seine Mutter vorgegangen wäre ...

Schulze ist homosexuell. Er hat zu anderen Homosexuellen Beziehungen gehabt, hat sich von einigen auch aushalten lassen. Sein unstetes Leben ist bis zu einem gewissen Grad durch seine homosexuellen Beziehungen verursacht worden. Nach der im August 1920 erfolgten Rückkehr nach Knauthain wurde der Angeklagte mit dem am 6.1.1902 geborenen Gemeindebeamten Bergmann bekannt, der auf dem Gemeindeamte in Knauthain tätig war. Bergmann war ebenfalls homosexuell. Schulze und Bergmann traten zueinander in homosexuelle Beziehungen. Bergmann hatte zunächst in Leipzig bei seiner Mutter gewohnt. Im November oder Anfangt Dezember 1920 zog er von Leipzig weg nach Knauthain in Untermiete zu den Eheleuten Panzer in das Haus Albertstraße (heute Hohentalstraße) 4 II ...

Der geschlechtliche Verkehr zwischen Bergmann und dem Angeklagten hatte zunächst im Garten des Gasthofs Knauthain stattgefunden. Anfang Dezember 1920 trafen sich die beiden im Knauthainer Gasthof. Dabei lud Bergmann den Angeklagten ein, zum geschlechtlichen Verkehr in seine Wohnung bei den Eheleuten Panzer zu kommen. Der Angeklagte meinte jedoch, daß es besser wäre, wenn Bergmann zu ihm käme, da er damals allein im 2. Stockwerk des Gasthofs wohnte. Sie verabredeten sich demgemäß für den 3. Dezember 1920, trafen sich im Gasthof und gingen dann hinauf in das Zimmer des Angeklagten, wo sie miteinander verkehrten. Hiernach bat Bergmann den Angeklagten, daß dieser ihn nunmehr auch in seiner Wohnung besuche, und sagte, daß es am besten nach 5 Uhr nachmittags passe und daß ihm der Angeklagte vorher von seinem Kommen im Gemeindeamte Kenntnis geben solle. Das Haus Albertstraße 4 war dem Angeklagten schon bekannt, da ihn sein Bruder schon einmal dorthin zu dem neben dem Ehepaar Panzer wohnenden Kaufmann George geschickt hatte ...«

Dezember 1920. Vorweihnacht. Die Zeitungen sind voll der Werbung. »Billige Weihnachtsschuhe! Aufruf an die Bevölkerung! Lassen Sie sich nicht beeinflussen, decken Sie Ihren Bedarf an Schuhwaren direkt von der Fabrik. Sie sparen 30 – 60%! – Zu Weihnachten empfehlen wir aus unserer reichen Auswahl folgende praktischen Festgeschenke: Knaben-Ulster: 165,- Mk. Lodenjoppe: 175,- Mk. Die vielen anderen Artikel der fertigen Herren-, Knaben- und Jünglingsbekleidung wie Anzüge, Paletots, Ulsters und Schlüpfer eignen sich ebenfalls zu Geschenkzwecken, weshalb wir zu einer Besichtigung unserer großen Läger – ohne jeden Kaufzwang – nur raten können.« – Des weiteren im Angebot: »Weihnachtsschlager! Weihnachts-Kartons! Weihnachtsäpfel! Weihnachts-Zigarren! Lebkuchen! Seefische! Walnüsse! Haselnüsse! Warme Unterkleidung für die Damen!« Und des Abends in den *Wintergarten* zu Henny Porten als *Anne Boleyn* im Monumentalfilm in 6 Akten. Das *Lindenfels* präsentiert das Schauspiel *Napoleon und die kleine Wäscherin*. Der *Krystallpalast* lädt zum Fünf-Uhr-Tee mit dezenter Künstlermusik. Das Fest wirft seine Schatten weit voraus.

»Am 10.XII.1920 nahm sich Schulze vor, Bergmann auf in Knauthain im Gemeindeamt aufzusuchen, um ihm mitzuteilen, daß er ihn am nächsten Tage besuchen wolle. Gegen 5 Uhr verließ er zu diesem Zwecke den Gasthof in Knauthain. Er war mit einem grauen Blaser, einer grauen Joppe, einem graubraunen Schwitzer, Sporthose, Stutzen und hohen schwarzen Schnürschuhen bekleidet. Auf dem Wege sah er den 5 Uhr Zug einfahren. Er ging zum Gemeindeamt Knauthain; da in diesem bereits alles dunkel war, und Schulze sich deshalb sagte, daß da auch Bergmann nicht mehr darinnen sein könne, beschloß er, zu Bergmann in die Albertstraße 4 zu gehen, was er auch ausführte. Er ging schließlich in das Grundstück Albertstraße 4 durch die Gartenpforte, dann am Haus entlang und links um die Hausecke. An der Haustür traf er mit einem Mann – dem Zeugen Bierbaum – zusammen; dieser war damit befaßt, seine Hühner in den Keller zu schaffen und trug eine Stallaterne; Schulze ging vor ihm in das Haus; Bierbaum wartete noch, um zu hören, ob der vor ihm in das Haus gegangene Mann etwa zu ihm in das 1. Stockwerk ging, begab sich aber in den Keller, nachdem er festgestellt hatte, daß der Mann weiter nach dem 2. Stockwerk ging. Zwischen Haustür und Erdgeschoß traf Schulze noch mit einem weiteren Mann, dem Zeugen Albrecht George, zusammen; sie gingen, sich leicht streifend, aneinander vorbei. Vor der Panzerschen Wohnung zwischen ¼ und ½ 6 Uhr angelangt, klopfte Schulze mehrmals; es öffnete ihm aber niemand. Er drückte auf die Türklinke und fand dabei, daß die Tür unverschlossen war. Schulze öffnete die Tür, trat in den Vorsaal ein, machte die Tür hinter sich wieder zu.«

Am Abend des 10. Dezember 1920 erscheint Otto Schulze im Gasthof seiner Eltern und bedient die Gäste. Unter ihnen auch den Sohn der Panzers. Die Zeugen bemerken am Kellner nichts Auffälliges. So wie immer, hätten sie wahrscheinlich auf die Fragen der Ermittler geantwortet. Doch fragt sie keiner.

Am Abend des 10. Dezember gegen ½ 11 Uhr hören die Nachbarn zwar Stöhnen hinter der Wohnungstür der Panzers, denken sich aber nichts dabei. Erst als die Panzers am nächsten Morgen ihre Wohnung nicht verlassen und auf Klingeln und Klopfen keine Reaktion erfolgt, benachrichtigen sie die Kinder des Ehepaares. Die Tochter besitzt einen Schlüssel und öffnet und entdeckt ihre Eltern und deren Untermieter: tot. »Grausiger Dreifachmord in Knauthain« wird die Presse später titeln. Jahrelang bleiben diese Toten Thema. Otto Theodor Schulze gerät nicht in der Fokus der Kriminalpolizei. Nachdem die Ermittler keine schnell verwertbare Spur der Mörder finden, bitten sie um Mithilfe der Bevölkerung.

Am 18. Dezember lesen die Leipziger zwischen all der Weihnachtswerbung: »Am Freitag, den 10. Dezember 1920, sind in der Zeit von ¾ 6 bis ½ 7 Uhr abends in ihrer im Grundstücke Albertstraße Nr. 4 in Knauthain im 2. Stocke gelegenen Wohnung der Fahrstuhlführer Hermann Panzer, seine Ehefrau Karoline Panzer, geborene Geißler, und der Gemeindekassenkontrolleur Woldemar Bergmann nacheinander bei der Heimkehr von einem Unbekannten durch Hammerschläge auf den

Kopf ermordet worden. Außerdem hat der Mörder seinen Opfern je an einem Arme die Pulsadern durchschnitten.

Als Mordwerkzeuge haben dem Täter ein Panzer gehöriger sogenannter Schlosserhammer und ein ebenfalls Panzer gehöriges Küchenmesser gedient, die er in der Panzerschen Küche vorgefunden hat.

Geraubt sind lediglich:

· ein hellgrauer weicher Hut mit dunklem Bande und vorn heruntergeschlagener Krempe,

· ein neuer Winter-Raglan (Schlüpfer) in Glockenform aus dunkelbraunen Stoff mit feinen dunkelgelben Streifen, einreihig, besetzt mit Steinnußknöpfen, mit eingeschnittenen Ärmeln, schrägen äußeren Seitentaschen, schräger äußerer Brusttasche, darin ein weißes Taschentuch, ohne Riegel,

· ein neuer dunkelbrauner, ganz fein gelblich gemusterter Jakketanzug – Jacket: einreihig, vorn weit ausgeschnitten, unten Rundschnitt, außen links eine Brusttasche, enthaltend ein Batiktaschentuch, Rücken glatt, ohne Schlitz, ohne Riegel. Hose: unten umgeschlagen,

· ein Paar schwarze Schnürstiefel,

· ein weißer Stehumlegekragen,

· eine dunkelgrüne, glatte, lederne Brieftasche mit einem nicht erheblichen Geldbetrag. Die Tasche ist blaugrau gefüttert, hat innen rechts und links mehrere Fächer, und rechts einen Klappverschluß mit einem großen, die ganze Breite der Brieftasche einnehmenden Durchgangsfache.

Sämtliche geraubten Gegenstände sind Eigentum Bergmanns. Am Tatort sind vom Täter zurückgelassene Hosenträger vorgefunden worden, die besonders charakteristische Merkmale aufweisen. Sie bestehen aus zwei einzelnen Trägern aus nicht mehr elastischem hellbraunen Gummigurt. An den hinteren Enden der Träger sind mit Knopflöchern versehene Stücken feldgrauer Uniformen und zwar am einen das Ende des hinteren Querriegels eines sogenannten Einheitsmantels, am anderen das Knopflochende einer Ulanenachselklappe angenäht. Die vorderen Strippen sind an jedem Träger durch einen 28 cm langen und 1½ cm breiten, mit zwei eingeschnittenen Knopflöchern versehenen schwarzen Lederriemen ersetzt, die früher offenbar als Hosenstiege gedient haben. Bei dem einen Träger ist der Stegriemen in den mit Draht zusammengehaltenen Strippenhalter eingeknüpft, beim anderen Träger, an dem der frühere Strippenhalter fehlt, ist das Gurtende zu einer Schlaufe umgenäht, durch die der Stegriemen mittelst eines Stückes schwarzen Bandes am Gurt verknotet ist.

Die Hosenträger und eine Stoffprobe des geraubten Jacketanzuges sind zur Besichtigung in einem Schaufenster des Warenhauses Th. Althoff in Leipzig, Petersstraße, ausgehängt.

Als der Tat verdächtig erscheint ein Unbekannter, der am Freitag, den 10. Dezember 1920, gegen ½6 Uhr nachmittags das Grundstück Albertstraße 4 in Knauthain von der Straße aus betreten hat und beobachtet worden ist, wie er im Hause bis zum 2. Stockwerke die Treppe hinaufging. Er hat bei keiner der im Haus wohnenden Familien vorgesprochen und wird beschrieben:

Etwa 24–26 Jahre alt, 1,65 m groß, kräftig, flotter, strammer Gang, trug graugrünes offenstehendes Jacket und darunter eine hellbraune Strickjacke, Kopfbedeckung wahrscheinlich Mütze, anscheinend bartlos, scharfe Gesichtszüge, gebogene Nase, oben breiten, nach dem Kinn zu schmäler werdendes Gesicht.

Wer über diese Person, die bereits am Dienstag, den 7. Dezember 1920, mittags im Grundstück gesehen worden sein soll, und insbesondere über den Eigentümer der oben beschriebenen Hosenträger machen kann, wird dringend ersucht, sich schnellstens mit der nächsten Polizeidienststelle, der Landeskriminalpolizei, Wächterstraße, Polizeigebäude, Erdgeschoß rechts Zimmer 18 oder der unterzeichneten Staatsanwaltschaft in Verbindung zu setzen. Verschwiegenheit über die Person des Anzeigenden wird auf Wunsch gewährleistet.

Derjenige, durch dessen Angaben die Ermittlung und Überführung des Täters gelingt, hat Anspruch auf die ausgelobte Belohnung. Sollten mehrere zu diesem Erfolge beigetragen haben, so behält sich die Staatsanwaltschaft Leipzig die Verteilung der Belohnung unter die Anspruchsberechtigten vor.

Leipzig, den 17. Dezember 1920 Staatsanwaltschaft«

»Die Panzersche Wohnung bestand aus drei Zimmern, einer Küche mit Speisekammer und Austritt und dem Vorsaal. Gegenüber der Vorsaaltür befindet sich die Tür zu dem Zimmer Bergmanns, in dem links ein zweitüriger Kleiderschrank, ein Sopha und eine Waschkommode, rechts der Ofen, eine Lade, ein mit einem Vorhang versehenes Bücherregal, in dem unten Bergmann die Schuhe einzustellen pflegte, das Bett und in der Mitte ein Tisch und quer vor dem Fenster Bergmann Fahrrad stand. In dem neben dem Bergmannschen Zimmer befindlichen Wohnzimmer der Eheleute Panzer stand rechts ein Kleiderschrank und nach dem Fenster eine Kommode, links neben der Tür vom Vorsaal der Ofen, ein Kachelofen, daneben die Tür nach dem Schlafzimmer, links an der Wand das Sopha, davor in der Mitte des Zimmers ein Tisch, daneben ein Lehnstuhl, neben dem Fenster eine Nähmaschine und in der Ecke schräg gegenüber der Tür zum Wohnzimmer auf dem Vorsaal ist die Tür zur Küche.«

Das Zimmer Woldemar Bergmanns zeigt Spuren einer Durchsuchung. Das legt das Motiv eines Raubmordes nah, denn vom Gemeindekassierer hieß es, daß er 8.000 bis 10.000 Mark bei sich zu Hause aufbewahren würde. Tatsächlich sind kaum Wertgegenstände bei Bergmann zu finden gewesen. Etwas Bargeld nahm der Mörder mit. Eine Belohnung von 5.000 Mark ist annonciert. Viel Geld in Zeiten der Nachkriegsdepression.

Verhört werden die Nachbarn. »Im Haus Albertstraße 4 wohnten im Erdgeschosse links die Familie Knispel mit dem Lehrer Naumann, im Erdgeschosse rechts das Ehepaar Brössdorf, im 1. Stockwerk links die Familie Ketscher, im 1. Stockwerk rechts das Ehepaar Bierbaum, im 2. Stockwerk links das Ehepaar Panzer, im 2. Stockwerk rechts die Familie George.« Gerüchte konzentrieren sich schnell auf den 22jährigen Sohn der Ketschers. Rudolf werden sexuelle Kontakte zum Mordopfer Bergmann nachgesagt. Rudolf Ketscher bestreitet diese vehement, doch verstummt der Verdacht gegen den jungen Mann nicht. Anonyme Schreiben bezichtigen ihn immer wieder. Ketscher wird gebrandmarkt und ist dagegen wehrlos.

Den zerschnittenen Mantel Woldemar Bergmanns findet man im Wasser der Elster. In ihm auch die Schlüssel zur Panzerschen Wohnung. Brieftasche und Revolver trug der Mörder mehr als ein Jahr lang bei sich und warf sie danach in Hamburg in die Elbe. In Leipzig verlaufen die Ermittlungen ergebnislos. Kaum eine Woche nach dem Mord steht in der Zeitung: »Die Untersuchung der Ermordung des Fahrstuhlführers Panzer, seiner Ehefrau und des Gemeindekassenkontrolleurs Bergmann in Knauthain hat zu folgendem vorläufigen Ergebnis geführt: Die Morde sind in ganz bestialischer Weise ausgeführt worden. Panzer ist mit 30 Hammerschlägen auf den Kopf getötet worden. Bergmann hat etwa 20 Hammerschläge erhalten. Auch die Frau Panzer ist mit dem Hammer niedergeschlagen und ermordet worden. Außerdem sind Bergmann und der Frau Panzer am rechten Handgelenk die Pulsadern durchschnitten. Am Mordtage abends gegen 6 Uhr ist Panzer von seiner Wohnung zu einer Bekannten gegangen, um dort Enten zu schlachten. Seine Frau war vorher zum Eierholen ausgegangen. Panzer ließ seine Wohnung offenbar unverschlossen. Diese Gelegenheit scheint der Täter genutzt zu haben, sich in die Wohnung einzuschleichen. Inzwischen ist Panzer kurz vor 6 Uhr zurückgekommen und in die Wohnstube gegangen, wo er sich der Stiefeln entledigte und dann in einem bequemen Stuhl Platz nahm. Darauf ist wahrscheinlich der Täter in das Zimmer getreten und hat auf Panzer eingeschlagen. Nach diesem Mord scheint sich der Täter sofort in das Zimmer von Bergmann begeben zu haben, ohne erst im panzerschen Zimmer nach irgendwelchen Gegenständen zum Mitnehmen zu suchen, denn es ist der Lohn von Panzer in Höhe von 200 Mark gefunden worden, außerdem lagen viele Sparkassenbücher unberührt in der Kommode. Wie es scheint, hatte es der Täter auf Bergmann abgesehen, in dessen Zimmer er sich sofort an die Durchsuchung des Kleiderschrankes machte. Er hatte sich Kleider von Bergmann zurechtgelegt und scheint gerade dabei gewesen zu sein, sich Bergmanns Kleider anzuziehen, als Bergmann selbst hereinkam. Ahnungslos betrat Bergmann mit der Zigarette im Munde und der Aktentasche unterm Arm das Zimmer. Aus

der Lage, in der seine Leiche gefunden wurde, ist zu schließen, daß er in dem Augenblick, in dem er das Zimmer betrat, mit dem Hammer niedergeschlagen wurde. Dabei muß
sich der Täter stark mit Blut besudelt haben, denn er hat die
Schuhe von Bergmann, die er sich schon vorher angezogen
hatte, wieder ausgezogen und stark blutbefleckt stehen lassen.
Unmittelbar nach der Ermordung von Bergmann ist auch die
Frau Panzer vom Einholen zurückgekommen. Darauf ist der
Täter aus Bergmanns Zimmer nach dem Korridor gegangen,
wo er die alte Frau sofort niederschlug. Dann hat er die Frau
in das Zimmer von Bergmann geschleift und neben Bergmann
liegenlassen. Wie die Spuren deutlich zeigen, hat der sich Täter nachher in der Küche an der Wasserleitung gereinigt. Die
Mordwerkzeuge, ein Hammer und ein Küchenmesser der Familie Panzer haben in dem Ausguß der Wasserleitung gelegen.

Die Panzerschen Eheleute waren für diesen Abend zu einer
Familie im Hause zum Kartenspiel eingeladen. Diese Familie
und die Nachbarsleute haben gehört, daß die Frau Panzer etwa
gegen ½11 Uhr noch gestöhnt und geröchelt hat. Sie haben
aber nichts schlimmes gedacht und sich deshalb nicht um die
Vorgänge in der Wohnung gekümmert. Auch die Untersuchung
der Leiche der Frau Panzer hat ergeben, daß sie einen langen
Todeskampf durchgemacht hat. Die unter den Eheleuten Panzer wohnenden Mieter haben gehört, wie die Ermordeten hin-
gefallen sind. Aber sie haben sich ebenfalls nichts schlimmes
dabei gedacht, zumal in der benachbarten Wohnung um diese
zeit Klavier gespielt wurde.

Vermutlich hat der Täter angenommen, daß Bergmann eine
größere Summe Geld in der Wohnung habe. Bergmann war erst
19 Jahre alt. Er hat zwei Brüder im Feld verloren und der dritte
ist zum Krüppel geschossen.

Wir verweisen auf die amtliche Bekanntmachung im Insera-
tenteil der vorliegenden Nummer, in der weitere Einzelheiten
über das scheußliche Verbrechen und über den mutmaßlichen
Mörder angegeben sind. Hoffentlich gelingt es bald, den Mörder zu ermitteln und festzunehmen.«

Eine Überführung des Täters gelingt nicht. Rudolf Ketscher kann trotz Beschuldigung nichts nachgewiesen werden. Andere anonyme Schreiben denunzieren ohne Beweise. Selbstmorde werden mit dem Mord in Verbindung gebracht. Privat ist kein Motiv in den Familien Panzer und Bergmann zu erkennen. Ein Raubmord, denn es war allgemein vermutet worden, daß der Gemeindekassierer, Geld in seinen vier Wänden aufbewahrte. Daß dem nicht so war, hat der Mörder nach der Tat erfahren müssen.

Die Weihnachtszeit verdrängt den »Dreifachmord von Knauthain« bald wieder aus den Schlagzeilen. Der Jahreswechsel bringt Elite-Bälle und Feuerwerk. Danach fallen die Preise des Kaufbaren. »Seefische großer Preissturz! 4 Waggons feinste Nordsee-Ware billigst. Inventur Ausverkauf. Enorme Preisherabsetzung unseres gesamten Warenlagers in Winter- und Sommerwaren. Reste und Restbestände. Große Gelegenheitsposten zu Preis-Abbau-Preisen.« Rabatte und Senkungen bei Teppichen und Kurzwaren, Kleider- und Seidenstoffen, bei Barchent und Damast. Auch »in allen anderen Abteilungen Auslagen herabgesetzter Waren!«

Wochenlang hängt der hellbraune Hosenträger im Schaufenster des Warenhauses auf der Petersstraße. Doch keinem Menschen kann »das grausame Verbrechen in Knauthain« nachgewiesen werden. Der Täter bleibt unbekannt.

3. Verhaftung – Frankfurt/M. 1927

Auch Jahre nach dem Dreifachmord verstummen die Gerüchte und Verdächtigungen nicht. »Da trotz des einwandfrei festgestellten Alibis Rudolf Ketschers in Knauthain die von bestimmter Seite immer wieder aufgeführten und genährten Gerüchte, die Ketscher seelisch schwer belasteten, nicht verstummten, und dementsprechend Anzeigen an die Polizei gemacht wurden, daß Ketscher, wenn nicht der Täter, so doch Mitwisser der Tat sei, wurden im Juni 1927 die Erörterungen gegen Ketscher nochmals aufgenommen. Der Zeuge Kriminalkommissar Bast, der die Ermittlungen führte, bestellte Ketscher für den 12.IX.1927 Da Ketscher in Lörrach in Baden auf Montage war, konnte er der Ladung keine Folge leisten, es erschien aber seine Ehefrau. Am 1.10.1927 erschien dann Ketscher beim Polizeipräsidium Leipzig zur Vernehmung, die der Zeuge Bast noch am gleichen Tage vornahm. Die Erörterungen ergaben erneut, daß gegen Ketscher auch nicht der leiseste Verdacht einer Täterschaft bestehen konnte. Bei der Vernehmung Ketschers vom 1.X.1927, nachdem dessen Unschuld erneut festgestellt worden war, fragte Bast Ketsher, ob er wisse, mit wem Bergmann in der damaligen Zeit Verkehr gepflogen habe. Plötzlich, ohne jeden besonderen Anhalt ›auf ganz wunderbare Weise‹ fiel dem Ketscher da der Name Otto Theodor Schulzes ein; er nannte daher Schulze. Der Umstand, daß Ketscher niemals früher, sondern erst jetzt auf den Namen Schulze kam, erklärt sich daraus, daß Ketscher, der mit Schulze früher nur wenig zusammen gekommen war und diesen erst Pfingsten 1927 nach Jahren erstmalig wieder zufällig in Leipzig in der Gerberstraße getroffen hatte, durch dieses Zusammentreffen bei seiner Vernehmung auf Basts Fragen sich Schulzes als eines Namens erinnerte, mit dem Bergmann zu der hier in Frage kommenden Zeit verkehrt hat.« Die Fahndung nach Otto Theodor Schulze wird veranlaßt.

Man findet ihn bereits verhaftet. Schulze hatte sich aufgrund eines »am 3.X.1927 in Düsseldorf begangenen schweren Diebstahls« selbst gestellt, »da er keinen Ausweg mehr wußte«. Sein Vorstrafenregister ist lang. Siebenmal saß er bereits wegen verschiedener Delikte ein: Unterschlagung, Betrug, Diebstahl. Gläubiger nahmen Schulze letzte Mittel. Er konnte die vereinbarten Ratenzahlungen nicht mehr leisten und stellte sich der Polizei. Der ermittelnde Kommissar Bast fährt mit dem nächsten Zug zur Haftanstalt in Frankfurt am Main. Schulze berichtet von seinen Taten. Kommissar Bast hilft dies Geständnis in der Mordsache Panzer/Bergmann nicht: »Haben Sie noch etwas auf dem Gewissen?« Schulze stellt die Gegenfrage: »Sie meinen wohl den Mord in Knauthain?«

Einmal und nur einmal gesteht der Mörder alles. Die Gerichtsakten rekonstruieren die Tat und deren Ablauf: Als Otto Theodor Schulze am 10. Dezember seinen Freund Woldemar

Bergmann besuchen wollte, fand er die Tür der Wohnung Panzers offen »und ging in das der Vorsaaltür gegenüberliegende Zimmer, in dem er das Bergmann vermutete. In diesem war, wie er erkannte, niemand anwesend. Er lief nun in die anderen Räume, Küche, Wohn- und Schlafstube der Panzerschen Wohnung und überzeugte sich, daß auch in diesen niemand war. Er hatte gehört, daß Bergmann in seiner Stube etwa 8.000,- M. Gemeindegelder verwahre. Er beschloß die Abwesenheit der Bewohner zu nutzen und nach dem Geld bei Bergmann im Zimmer zu suchen, und Geld, sowohl solches, das Bergmann gehörte, als auch solches, das dieser etwa für die Gemeinde verwahrte, soweit erforderlich durch Erbrechen der Möbelstücke, in denen sich das Geld und die Sachen befanden, in Kenntnis seines mangelnden Rechtes und der Tatsache, daß solches Geld und solche Sachen in ihn für ihn fremden Eigentum und Gewahrsam standen, aus Bergmann Gewahrsam weg – und an sich zu nehmen, um das Geld und die Sachen unter dem dauerndem Ausschlusse des Eigentümers im eigenen Nutzen zu verwenden; zu diesem Zwecke durchsuchte er zunächst den Kleiderschrank im Bergmannschen Zimmer, an dem der Schlüssel steckte, nach Geld, jedoch ohne Erfolg; nun ging er zu der Lade; da er diese verschlossen fand, lief er in die Küche, holte aus dem unter dem Küchentisch stehenden Werkzeugkasten einen Hammer und einen Meisel, ging in Bergmanns Zimmer zurück, erbrach hier mittels Ansprengens des Schließbleches stehlenshalber und in der soeben gekennzeichneten Absicht die verschlossene Lade unter Aufwendung von Kraft, durchsuchte sie und einen Briefumschlag mit 60-70 M., den er, um das drin befindliche Geld für sich zu verwenden, an sich und in die Hand nahm. Er zog seine Schuhe aus und war im Begriff, in der oben bezeichneten Absicht ein Paar von Bergmann aus dem Regal auszuziehen und sich anzueignen, da hörte er auf der Treppe Tritte. Um nicht durch die hinzukommende Persönlichkeit, in der er offenbar Bergmann erwartete, bei der Begehung des Diebstahls betroffen, gegebenenfalls festgenommen und seiner bisherigen Beute wieder entsetzt zu werden, flüchtete er, nachdem er in die Hand den Hammer, in die andere den Umschlag mit dem Gelde genommen hatte, in die Panzersche Wohnstube, in der er sich hinter dem Kachelofen versteckte, um den Augenblick abzupassen, in dem er ungehindert und unentdeckt mit seiner Beute die Wohnung verlassen könnte. Die Person, die kam, war Panzer. Dieser ging nach Andrehen der elektrischen Beleuchtung in das Wohnzimmer, setzte sich auf den Lehnstuhl, zog durch seine durch das Entenschlachten mit Entenblut besudelten Schuhe (Militärschuhe) aus, setzte sie an den Ofen, ging nach dem Lehnstuhl, zog seine Pantoffeln an und drehte sich, um die Zeitung weiterzulesen, ohne noch die Brille aufgesetzt zu haben, etwas im Stuhl herum. Hierbei erblickte er den Angeklagten hinter dem Ofen. Er erhob sich, dabei seine Pantoffeln verlierend, ging auf den Angeklagten mit dem Rufe zu: ›Herr Schulze, was machen Sie hier‹, packte den Angeklagten, da dieser auf Panzers Frage nicht antwortete, und versuchte, an Panzer, um zu entfliehen, vorbeizukommen, an der Brust und hielt ihn fest. Panzer hatte aus dem Umstande, daß der Angeklagte in der Wohnstube hinter dem Ofen versteckt hatte, aus der Tatsache nur in Strümpfen einen Hammer und einen Briefumschlag in den Händen hielt, in Verbindung mit dem Umstande, daß er – Panzer –, als er als letzter die Wohnung verließ, die Vorsaaltür nicht zugeschlossen gehabt hatte, sofort ersehen, daß der Angeklagte soeben einen Diebstahl ausgeführt hatte oder in der Ausführung begriffen war, und hatte weiter aus dem Verhalten des Angeklagten erkannt, daß dieser zu entkommen versuchte. Panzer ergriff daher den Angeklagten, um ihn vorläufig festzunehmen und ihn der Polizei zu überliefern. Der Angeklagte seinerseits hatte zutreffend erkannt, daß Panzer ihn bei der Verübung des Diebstahls entdeckt hatte bezw. ihn unmittelbar nach der bisherigen Ausführung des Diebstahls verfolgt und dazu ergriffen hatte, um ihn der Polizei zu überliefern. Um sich dieser Ergreifung auf frischer tat durch Panzer bei dem von ihm schon verübten und nach seiner Absicht noch weiter auszudehnenden Diebstahl zu entziehen, schlug der Angeklagte in Tötungsabsicht mit dem Hammer mit großen Kraftaufwand Panzer mehrfach auf den Kopf, und als dieser sich, um einen Gegenstand zur Abwehr zu ergreifen, nach dem Lehnstuhl wendete, noch weiter und noch heftiger auf den Kopf, sodaß Panzer zusammenbrach, und selbst noch weiter auf den Kopf des am Boden – mit dem Kopf zum Schranke – liegenden Panzer; insgesamt gab er Panzer etwa 25 Schläge mit dem Hammer auf den Kopf; er tat dies, um Panzer zu töten. Durch die Schläge, durch die Panzer etwa 25 schwere Schädel- und Gehirnverletzungen erlitt, trat der Tod des Panzer ein, wie dies der Angeklagte mit seinen Schlägen gewollt hatte.

Während der Angeklagte noch auf den am Boden liegenden Panzer mit dem Hammer einschlug, ging die Vorsaaltür auf und Bergmann kam, und zwar in die Panzersche Wohnstube. Bergmann sah den Angeklagten mit dem Hammer neben der Leiche Panzers und den Blutlachen stehend, ersah hieraus sofort, daß der Angeklagte den Panzer mit dem Hammer getötet hatte, lief in sein Zimmer, um vom Fenster aus Hausbewohner und etwaige andere Personen herbeizurufen und mit deren Hilfe den Angeklagten vorläufig festzunehmen und dann die polizeiliche Festnahme zu bewirken. Der Angeklagte hatte richtig erkannt, daß Bergmann ihn bei der Verübung des Totschlags und unmittelbar nach bezw. bei dem bisher teilweise ausgeführten Diebstahl betroffen hatte und Maßnahmen treffen wollte, daß er sofort noch in der Panzerschen Wohnung festgenommen werden sollte. Um sich dieser Ergreifung wegen des soeben verübten Totschlags und wegen des teilweise bereits ausgeführten und nach seiner Absicht noch weiter auszuführenden Diebstahls zu entziehen, stürzte er Bergmann sofort in dessen Zimmer nach und schlug diesen in Tötungsabsicht mit dem Hammer auf den Kopf. Bergmann ergriff einen Stuhl, warf diesen oder stieß mit diesem, um den Angriff des Angeklagten abzuwehren, nach dem Angeklagten. Dieser sprang jedoch zur Seite und versetzte unter großem Kraftaufwand mit dem Hammer Bergmann zunächst auf den Hinterkopf einen schweren Schlag, sodaß Bergmann zusammenbrach, und dann, als Bergmann schon am Boden lag, noch weitere schwere Schläge auf den Kopf; insgesamt gab er mit dem Hammer etwa 12 Schläge auf den Kopf, um dadurch Bergmann zu töten. Durch die Schläge, durch die Bergmann schwere Schädel- und Gehirnverletzungen davontrug, wurde Bergmann Tod unmittelbar herbeigeführt, wie dies der Angeklagte gewollt hatte.

Nun eilte der Angeklagte, nachdem er inzwischen die Schuhe Bergmanns angezogen hatte, in die Küche, brannte mit Streichhölzern, die er aus dem am Ofen befindlichen Behältnisse nahm, die Gasflamme an, nahm aus dem Küchentisch ein großes Küchenmesser, eilte mit diesem in das Zimmer von Bergmann, brannte hier die Petroleumlampe an, warf das Streichholz weg, kniete sich zu Bergmann, der seiner Meinung nach noch röchelte, schnitt ihm beim rechten Handgelenk die Pulsader durch, um, wenn die Hammerschläge auf den Kopf entgegen seinem Willen noch nicht den Tod herbeigeführt haben sollten, diesen nun sicher durch das Zerschneiden der Pulsader herbeizuführen, um, wie sich der Angeklagte ausgedrückt hat, ›die Leiche stumm zu machen‹.

Noch bei Bergmann kniend, hörte der Angeklagte, wie wieder jemand im Begriff war, die Wohnung zu betreten. Der Angeklagte löschte die Lampe in Bergmanns Zimmer aus und sprang, den Hammer in der Hand, auf den Vorsaal, wo er sich an die Wand zwischen Bergmanns Zimmer und dem Wohnzimmer stellte, entschlossen, auch diese Person zur Vermeidung seiner Ergreifung auf frischer Tat totzuschlagen. Die Ehefrau Panzer betrat, hinter sich die Vorsaaltür schließend, den Vorsaal. Sie erblickte den Angeklagten und ging auf diesen zu, vor Schreck ihre Markttasche fallen lassend. Wie der Angeklagte zutreffend annahm, hatte die Panzer aus der Tatsache, daß er auf dem Vorsaale dicht an die Wand gedrückt stand, daß er sich bei ihrem Kommen lautlos verhielt, statt sie anzureden, erkannt, daß der Angeklagte unerlaubterweise in die Wohnung eingedrungen war und hier einen Diebstahl oder eine sonstige strafbare Handlung soeben begangen hatte oder zu begehen im Begriff stand, und daß die Panzer durch Schreien oder Hinausgehen auf die Treppe Hausmitbewohner herbeirufen und mit deren Hilfe ihn vorläufig festnehmen und dann die polizeiliche Festnahme bewirken werde. Wie er weiter richtig erkannte, wären durch seine Taten – der Diebstahl, die beiden Totschläge – sofort entdeckt und er als Täter ohne weiteres festgestellt und festgenommen worden. Um sich dieser durch die Panzer ihm drohenden Ergreifung wegen des teilweise schon ausgeführten, nach seinen Absichten aber noch weiter auszudehnenden Diebstahls und der beiden Totschläge zu entziehen, schlug er mit großem Kraftaufwand in Tötungsabsicht die Panzer mehrfach mit dem Hammer auf den Kopf; schon nach dem zweiten oder dritten Schlag brach die Panzer zusammen. Der Angeklagte brannte in Bergmanns Zimmer wieder die Petroleumlampe an, warf die abgebrannten Streichhölzer in die Stube, schleifte die Panzer vom Vorsaal über die Türschwelle in Bergmanns Zimmer links an den Kleiderschrank, wodurch ein breiter blutiger Streifen vom Vorsaal aus bis in das Zimmer entstand und das eine Bein der Leiche Bergmanns weggezogen wurde, und schnitt mit dem Küchenmesser der Panzer beim rechten Handgelenk die Pulsader durch; bereits durch die mit dem Hammer gegen den Kopf geführten Schläge hatte die Panzer schwere Schädel- und Gehirnverletzungen zugeführt erhalten, die den Tod der Panzer herbeiführten, wie dieser das wollte. Der Angeklagte durchschnitt ihr aber auch noch die Pulsader, um, wenn die Hammerschläge auf den Kopf entgegen seinem Willen den Tod noch nicht herbeigeführt haben sollten, diesen nunmehr auf alle Fälle durch das Zerschneiden der Pulsader herbeizuführen; er wollte auch diese ›Leiche stumm machen‹.

Nun kam ihm die Vorstellung, daß möglicherweise entgegen seinem Willen Panzer durch die Hammerschläge noch nicht getötet worden sei; um den Tod Panzers ganz sicher herbeizuführen, beschloß er, auch ihm die Pulsader an der einen Hand zu durchschneiden; er ging zu diesem Zwecke in die Wohnstube, wo Panzer lag; da er das Küchenmesser, das er zum Durchschneiden der Pulsader bei Bergmann und der Panzer benutzt hatte im Augenblick nicht fand – er hatte es in die eine Tasche seines Rockes gesteckt – holte er sich aus der Küche aus dem Tischkasten ein anderes großes Küchenmesser. In der Wohnstube zog er zunächst die Vorhänge zu, schaltete darin das elektrische Licht ein, schnitt in der oben bezeichneten Absicht Panzer beim linken Handgelenk die Pulsader durch und schaltete darnach das Licht wieder aus.

Nun ging er in die Küche, zog die mit Blut besudelten Schuhe Bergmanns – ein Paar ältere Schnürschuhe, die Bergmann gewöhnlich bei schlechtem Wetter trug – wieder aus, stellte sie mitten in die Küche, legte den Hammer und die beiden Küchenmesser – er hatte das zuerst benutzte in seiner einen Rocktasche gefunden – in den Ausguß, ließ Wasser darüber laufen, wusch sich selbst mit Wasser ab, da er stark mit Blut bespritzt war, trocknete sich an einer in der Küche hängenden blau und weiß gestreiften Küchenschürze ab, hielt dann diese unter das Wasser, wrang sie aus und legte sie auf einen Stuhl an der Wand. Nur mit Strümpfen bekleidet ging er nun in das Wohnzimmer; hier durchsuchte er flüchtig die Leiche Panzers, fand aber nichts, was ihm aneignungswert erschien. Nun ging er in Bergmanns Zimmer. Er durchsuchte Bergmann, fand dabei in der inneren rechten Rocktasche dessen grünlederne blaugrau gefütterte Brieftasche mit etwa 180,- M. in bar, verschiedene Ausweispapiere und Briefe als Inhalt, in der Gesäßtasche einen ungeladenen Trommelrevolver und in der einen Hosentasche einen Schlüsselbund und einige einzelne Schlüssel. Die Aktentasche Bergmanns legte er diesem an den rechten Arm und stellte die Markttasche, die die Panzer auf dem Vorsaal hatte fallen lassen, Bergmann zwischen die Beine. Nunmehr zog er sich in Bergmanns Zimmer bis auf das Hemd um. Aus Bergmanns Kleiderschrank nahm er einen fast neuen dunkelbraunen Winterraglan (Schlüpfer), den er anzog und dessen Kragen er später hochschlug, einen weichen hellbraunen Filzhut, den er aufsetzte, und ein Paar Strümpfe, die er anzog; einen Kragen Bergmann wollte er umtun, legte ihn aber wieder weg, da ihm nicht paßte. Aus der Küche holte er einen einem Bekannten Bergmanns gehörenden Rucksack und packte in diesen seine eigenen blutigen Sachen.« Dann verließ Otto Theodor Schulze unerkannt das Haus Albrechtsraße 4.

Das Geständnis war zu Protokoll genommen worden und deckte sich mit allen vorgefundenen Spuren. Der Täter war überführt, die Beweislage erdrückend. Schulze hoffte auf mildernde Umstände. »Sagen Sie, Herr Wachtmeister, die können mir doch den Kopf nicht runter machen, ich bin doch noch jugendlich gewesen, als ich die Tat beging.«

Doch Schulzes Meinung ändert sich. Am 15. November 1927 widerruft er alles je Gesagte: Nein, er war nie in der Wohnung der Panzers. Woldemar Bergmann, vielleicht war er ihm einmal begegnet. Aber Mord? »Niemals! Nein! Niemals!« Die Psychologen diagnostizieren beim überführten Mörder Unschuldswahn. Nach seinem Geständnis glaubte Schulze felsenfest, die Taten niemals begangen zu haben, Wahn »ist ein psychiatrisches Krankheitssymptom. Es handelt sich um eine schwere inhaltliche Denkstörung und kommt im Rahmen verschiedener psychischer Störungen vor. Der Wahn ist eine die Lebensführung behindernde Überzeugung, an welcher der Patient trotz der Unvereinbarkeit mit der objektiv nachprüfbaren Realität unbeirrt festhält. Dies kann eine Störung der Urteilsfähigkeit zur Folge haben.« Otto Theodor Schulze wird aggressiv, wenn Ermittler oder Anwälte ihn nach dem Verbrechen fragen: »Ich war es nicht!« schreit er ihnen entgegen. »Unschuldig! Ich bin unschuldig!« Der gerichtlich bestellte Sachverständige stellt fest: »Der Angeklagte ist Hysteriker. Gewisse, ganz besonders hysterische Persönlichkeiten geraten, wenn sie sich einer schweren Verfehlung schuldig gemacht haben und sie erkennen, daß der Verdacht sich gegen sie lenkt, in einen sich immer mehr verstärkenden Zustand schwerer seelischer Belastung, der als stark unlustbetont empfunden wird. Je stärker dieser Zustand der Belastung wird, umso stärker stellt sich ein Drang, der sich bis zu einem unwiderstehlichen Zwang steigern kann, ein, sich von diesem Zustande der Belastung zur eigenen Erleichterung zu befreien; sog. Abreagieren. Diese Befreiung wird, wenn es sich um eine schwere Verfehlung handelt, durch ein Geständnis, mit dem die Abreaktion vollendet ist, erreicht. Bei diesem Abreagieren macht sich die betreffende Persönlichkeit, und je stärker der Belastungszustand und damit der Drang, sich von diesem zu befreien, ist, umso weniger die Folgen klar, die durch die Abreaktion, – das Geständnis –, für sie herbeigeführt werden. Wird dann die Person nach vollzogener Abreaktion durch einen äußeren Umstand, z.B. durch ein unbedachtes Wort auf die Folgen hingewiesen, die durch das Abreagieren und die Geständnisablegung erfolgt sind, so tritt die sog. Reaktion ein, ein

Streben, die Folgen der Abreaktion wieder zu beseitigen, was, wenn die Abreaktion durch ein Geständnis erfolgt ist, durch einen Widerruf des Geständnisses erfolgt, an dem die betreffende Persönlichkeit von da an unverrückbar festhält und von dem sie auch nicht wieder abzubringen ist.«

Das Gericht sieht Schulzes Schuld als bewiesen an und verurteilt den Dreifachmörder »im Namen des Volkes! In der Strafsache gegen den am 30. September 1902 zu Leipzig geborenen Kellner Otto Theodor Schulze in Leipzig, zZ in Untersuchungshaft, wegen Verbrechens nach § 214 StGB*s in drei Fällen hat das Schwurgericht zu Leipzig in der Sitzung vom 9., 10. Und 11. Juli 1928 für Recht erkannt: Der Angeklagte wird wegen Verbrechens nach dem § 214 StGB*s in zwei Fällen zu insgesamt 15 Jahren Zuchthaus und wegen eines weiteren Verbrechens nach § 214 StGB*s zu lebenslänglichem Zuchthaus und zum dauernden Verluste der bürgerlichen Ehrenrechte verurteilt.« Auch halten ihn die Richter für »uneingeschränkt strafvollzugsfähig«. Seine Strafe tritt Otto Theodor Schulze in der Vollzugsanstalt Waldheim an.

»Waldheim ist gleichsam die Mutteranstalt von allen, das Modell, wonach die übrigen mehr oder weniger geformt sind.« Die Burg aus dem 13. Jahrhundert wurde 1716 »Allgemeines Zucht,- Armen- und Waisenhaus« und ist noch heute sächsische Strafvollzugsanstalt. Oft verbüßten politisch Verfolgte hinter den Mauern ihre Strafe. Aber auch Karl May saß vor Ort und betreute die Gefängnisbibliothek. Die Waldheimer Prozesse verhandelten 1950 Nazi- und Kriegsverbrechen und gelten als »krasser Mißbrauch der Justiz zur Durchsetzung machtpolitischer Ziele«. »Die heutige Zuständigkeit der JVA Waldheim dient dem Vollzug der Freiheitsstrafe männlicher Strafgefangener aus allen Landgerichtsbezirken im Freistaat Sachsen mit Freiheitsstrafe über zwei Jahren, die sich erstmals in Strafhaft befinden.«

Schulze wird in Haft zum Querulanten. Unzählige Mal geht er zum Arzt und läßt sich behandeln. Monate verbringt er auf der Krankenstation. Wieder in seiner Zelle zerstört er alles Mobiliar, reißt das Waschbecken von Wand und die Toilette

aus dem Boden. Zuständige Institutionen erhalten in unablässiger Folge Gnadengesuche und Beschwerden. Schulze kämpft
um ein Wideraufnahmeverfahren. Aufseher klagen über Aggressivität und beleidigende Worte. Der Inhaftierte wird dem
Anstaltspersonal zur Belastung, doch Alternativen seiner Unterbringung gibt es nicht. Eine erneute Begutachtung protokolliert am 11. August 1941: »Schulze hat seit seiner Einlieferung
gegen den Vollzug der Strafe opponiert. Unverändert hält er an
der Behauptung fest, er sei unschuldig, die früheren Geständnisse seien falsch. In zahllosen Eingaben, Gesuchen, Anklageschriften und Briefen wiederholte er in stereotyper Weise seine
Unschuldsbeteuerungen. In den ersten Jahren seiner Strafzeit
demonstrierte er außerdem durch ein ungewöhnlich renitentes
Verhalten gegen die Verurteilung und erreichte zugleich, daß
er fünfmal für insgesamt 5 Jahre, 2 Monate und 25 Tage der
Heil- und Pflegeanstalt zugeführt wurde und er sich so dem
Strafvollzug entziehen konnte. Durch Toben, Zerstören des
Zelleninventars, hemmungsloses Bedrohen und Beschimpfen
der Beamten durch Selbstmordversuche und Essensverweigerung erweckte er mit Erfolg den Anschein, strafvollzugsunfähig
zu sein. Er leidet nicht an Unschuldswahn, sondern versteht nur
in kluger Weise Unschuldswahn vorzutäuschen und mit allen
Mitteln den Eindruck zu erwecken, als sei er von seiner Unschuld überzeugt. Zu dem Gesuch ist zu sagen, daß die Schwere
der Tat, die Haltung zur Bestrafung, die Führung während des
Vollzugs und vor allem die Persönlichkeit des Sch. Einen Gnadenerweis gänzlich indiskutabel erscheinen lassen.«

Mit Rotstift ist am 23. September 1943 in der Akte vermerkt: »Nach Buchenwald.«

4. Verbrennung – Lublin, 1944

Die Leipziger Behörde erhalte am 1. April 1944 Nachricht aus
dem Konzentrationslager Lublin mit der Bitte um Weiterleitung an die Angehörigen: »Am 4.3.1944 um 11.45 Uhr verstarb der am 23.9.1943 in ein K.L. eingewiesene V.H. Schulze,
Otto Theodor, 30.9.1902 in Leipzig an Lungentuberkulose. Ich
bitte den Bruder, Walter Schulze, Leipzig, Delitzscher Straße

140 I vom Ableben zu benachrichtigen. Die Leiche wurde im Lagerkrematorium eingeäschert. Das RSHA ist verständigt.« Aus Leipzig schreibt man nach Lublin zurück: »Der Schlosser Walter Schulze, Leipzig N22, Delitzscher Straße Nr. 140 I wohnhaft, ist von der Kommandantur des Konzentrationslagers Lublin mit Schreiben vom 1.4.1944 von dem Ableben seines Bruders in Kenntnis gesetzt worden. Er hat sich wegen der Übersendung einer Sterbeurkunde mit dem K.L. schriftlich in Verbindung gesetzt. Walter Schulze bittet um Übersendung des Nachlasses an seine Adresse. Überführung der Urne wird nicht beantragt.«

Fünf Akten des Dreifachmörders O. T. Schulze zeigen neben Täter, Opfer und Polizeiarbeit auch Spuren der deutschen Geschichte. Sehr persönlich: In einem der Hefter finden sich in einem brüchigen Papiertütchen Hosenträger: Hellbraun. Festes Gewebe. Unten zweigeteilt mit Löchern für die Knöpfe am Hosenbund.

Quellen

Akten des Sächsischen Staatsarchivs, Leipzig
Leipziger Volkszeitung
Leipziger Tageblatt
Lexikon Leipziger Straßennamen, 1993.
Magnus Hirschfeld: *Die Homosexualität des Mannes und des Weibes*. Berlin 1914.
Wolfgang U. Schütte: *Vom Untergang des Abendlandes*. Berlin 1983.

Blutwurst, sagt der Kommissar

Der Fall Erich Rouvel und Gen.,
Leipzig 1917–1925

Nee so ä imbosandes Gewärche!
Das grübbld wie in ä Ameisenbärche.
De een gomm an un de andrn endschwähm,
Woher se bloß alle 's Reisegeld nähm?
Un Goffr loofn da manchesma ein,
Da ging ne zwelfgebbche Familiche nein!
De Fremdn ham ofd eggsohdsche Fissasche
Un golossal schigge reesegledasche.
Hier duhn sich ooch viele Dragehgchen abschbieln.
Un wärde da gann mid'n Leidn so fiehln
Bein Abschiede un bein ledzdn Dridd,
Där grinsd vor Riehrunk allemal mid.

Lene Vogt (1924)

Es war ein Großereignis trotz Krieg und tausendfachem Tod.
Die Eröffnung des Leipziger Hauptbahnhofs am 4. Dezember
1915 veränderte das städtische Leben auf Dauer wie der Erste
Weltkrieg bleibend Europa. »Zur Feier der Schlußsteinlegung
hatte sich am Sonnabendmittag eine ansehnliche Versammlung
in der östlichen sächsischen Eingangshalle des Hauptbahnhofes
eingefunden. Unter anderem waren Vertreter des sächsischen
Finanzministeriums, der Generaldirektion der sächsischen
Eisenbahnen, des preußischen Ministeriums der öffentlichen
Arbeiten, der Eisenbahndirektion Halle, Mitglieder der Stände-
kammern, der Oberbürgermeister, Ratsmitglieder und Stadtver-
ordnete von Leipzig, der Kreishauptmann, der Amtshauptmann
und weitere Vertreter staatlicher und militärischer Behörden
erschienen.« Wären nicht Fronten durch Europa verlaufen, es
hätte ein Weltereignis sein können. Noch heute steht der Bahnhof für Superlative. Immer wird er architektonisch und stati-

stisch beeindrucken: Der Querbahnsteig mißt knapp 300 m, ist 33 m breit und 27 m hoch. Die Fläche von 16 Fußballfeldern wurde überdacht. Dafür verbaut: 625 t Glas, 34.000 t Zement, 7.000 t Eisen (ausschließlich Umbau- und Rekonstruktions-material). Die Gesamtsumme für den kompletten Umbau der Bahnanlagen samt Bahnhof betrug 137,05 Millionen Reichs-mark. Der leitende Baurat betonte: »Daß die Vollendung des Leipziger Hauptbahnhofes ein Markstein in der Geschichte des deutschen Eisenbahnwesens sei. Vor 78 Jahren ist von hier die erste größere Eisenbahn in deutschen Gauen dem Betrieb über-geben worden. Ein Schienenstrang nach dem anderen ist gebaut worden und hat die alte Handelsstadt Leipzig mit Magdeburg, Berlin dem Thüringer Land, dem Osten und der Grenze Bayerns verbunden. Mitte der 70er Jahre ist zum ersten Mal der Plan eines gemeinschaftlichen Bahnhofs in Leipzig aufgetaucht. Erst um die Wende des Jahrhunderts kam der jetzt verwirklichte Plan auf.« Stolz waren Bauherren und Stadt, stolz waren Eisen-bahn und Architekten. »Licht und Luft« hatten William Los-sow und Max Hans Kühne ihren Entwurf genannt. »Mit der Betonung wohlwollenden Zusammenarbeitens aller beteiligten Behörden und der Hoffnung, daß der stolze Bau den Segnungen eines baldigen Friedens dienen möge, schloß der Redner« und verschwieg durchaus Strapazen und bürokratische Eigenheiten. »Das neue Leipziger Bahnhofsgebäude war auch deswegen so groß, weil es eigentlich zwei Bahnhöfe unter einem Dach verein-te: einen der königlich sächsischen und einen der preußischen Eisenbahngesellschaft. Zwischen beiden gab es eine erbitterte Konkurrenz. Vor allem die preußische Staatseisenbahn war ei-gentlich gegen den Neubau. Sie hatte erst wenige Jahre zuvor im benachbarten Halle einen modernen Durchgangs-Bahnhof errichtet. Der Kompromiß sah nun so aus, daß es am neuen Leipziger Hauptbahnhof alles doppelt geben sollte. Wenn man zum Beispiel in den sächsischen Raum fahren wollte, konnte man nur auf sächsischer Seite die Fahrkarten lösen, wollte man nach Berlin fahren oder nach Thüringen, mußte man auf der preußischen Seite die Fahrkarten lösen. Es ging sogar so weit, daß auf beiden Seiten unterschiedliche Uhrensysteme herrschten, auf der einen Seite hatte man das neue uns heute bekannte 12-Stunden-Zifferblatt eingeführt, auf der anderen Seite gab es noch das 24-Stunden-Zifferblatt.«

Reisende und Passagiere, Zuschauer und Einsame durchliefen Tag für Tag Schalterhallen, Bahnsteige und Gepäckstationen, »auch die Unterwelt, für die die Bahnhöfe mit ihren Menschenansammlungen und ihrer Unüberschaubarkeit geradezu Arbeitsplätze waren. Sie mußte nichts anderes tun, als ihre schon seit Jahrtausenden bewährten Tricks auch auf den Bahnhöfen anzuwenden. Opfer gab es genug. Reisende hatten notgedrungen immer Geld bei sich und führten oft wertvolles Gepäck mit. Durch die Klasse, in der sie reisten, ließen sich schon sehr früh Schlüsse auf ihre Vermögensverhältnisse ziehen. Bahnhöfe waren also immer ein ideales Gebiet für alle Arten von Erwerbskriminalität, für Taschen- und Trickdiebe jeder Art. Leicht ließen sich auch besonders günstige Zeiten für Eigentumsdelikte im Voraus bestimmen. Die Ankunftszeiten großer Fernzüge standen auf dem Fahrplan, zu großen Veranstaltungen zu Messen und Märkten etwa, kam zahlreiches Publikum, meist mit der Eisenbahn. Als Opfer besonders beliebt waren natürlich Landbewohner, die sich – oft in Kaufabsichten und ergo mit Bargeld versehen – aus einem ruhigen, abgelegenen Wohnort plötzlich in das ungewohnte Getriebe und die Menschenmassen einer großen Stadt versetzt sahen. Sie waren leichte Beute für falsche Helfer, irreführende Hinweise und alle Arten sündiger Verlockungen. Daher haben die unmittelbaren Umgebungen von Bahnhöfen auch ihren schlechten Ruf. Lokale und Möglichkeiten zu verbotenen Glücksspielen, Animierkneipen und Absteigen durften nicht allzu weit vom Ansprechort der Opfer entfernt sein. Bahnhöfe sind und waren Treffpunkte, nicht nur für Heimatlose, Menschen ohne festen Wohnsitz und ohne feste soziale Beziehungen. Sie dienten auch als Kontaktstelle und Nachrichtenbörse. Die Anonymität des Bahnhofs, das ständige Kommen und Gehen Hunderter und Tausender Reisender machten eine Kontrolle und Überwachung durch die Behörde sehr schwierig. Keineswegs zum Nachteil für die Kriminalität: Bahnhöfe sind bis heute Umschlagplatz für illegale waren und Dienstleistungen, für Schmuggel, Rauschgift und Prostitution.«

120.000 betreten täglich den Hauptbahnhof in Leipzig. Taschendiebe sind unterwegs, auch am 29. Dezember 1924: Anselm Breitner, fünfzig Jahre, Ingenieur, zeigt an: »Ich fuhr am 27. des Monats abends um 10.40 Uhr mit dem D-Zuge von Leipzig nach Trier. Kurz vor der Abfahrt des Zuges von Leipzig stellte ich fest, daß mir meine Brieftasche, die ich vorher in die innere Brusttasche meines Rockes gesteckt hatte, fehlte. Vorher bestiegen zwei Burschen den fraglichen Wagen, von denen sich einer dicht an mich herandrängte, was mir auffiel. Als ich deshalb nach der Brieftasche suchte, nachdem ich meinen Koffer abgestellt hatte, stellte ich das Fehlen derselben fest. Die beiden Burschen waren mittlerweile aber verschwunden und im Zuge auch nicht mehr aufzufinden.« Anselm Breitner ist nicht das einzige Opfer, die mehren sich. Die 18jährige Henny Prokop gibt zu Protokoll, was ihr geschah, als sie den Zug nach Köln bestiegen hatte. Ein Mann kam ihr eilig auf dem engen Gang entgegen und »preßte mich an die Wand. Obwohl ich mich ganz dünn machte und überhaupt schlank bin, tat er so, als könne er nicht an mir vorbeikommen. Schimpfte sogar, und ich fühlte einen Riß an der Tasche die ich aber nur dem Drängen zuschrieb. Im nächsten Augenblick lief der fremde Mann davon. Ich trat in ein Abteil und ein Herr sagte mir: ›Sie haben die Handtasche offen!‹ Meine große Brieftasche war verschwunden.« Überall verschwinden Portemonnaies, Uhren, Schmuck, eine Krawattennadel: »Der 76jährige Fabrikbesitzer Otto Landgasser bekundet, daß ihm die von Taschendieben entwendete Schlipsnadel in ganz Europa nicht noch einmal existiere. Da in seinem Unternehmen Bernstein und Perlmutter verarbeitet wird, habe er 1878 in einer aus dem Golf von Mexiko stammenden Perlmutterschale eine in Größe und Farbe nicht wieder existierende Perle gefunden. Er ließ sie in Brillanten fassen, sie als Schlipsnadel arbeiten und trug sie dann immer. Am 23. April 1924 wurde sie ihm in dem üblich verursachten Gedränge auf dem Leipziger Hauptbahnhofe vom Schlipse gerissen, trotzdem eine Sicherung angebracht war. Vier bis fünf junge Männer bedrängten ihn, doch stieg kein Einziger in den Zug. ›Sie waren plötzlich wie weggeblasen!‹ Landgasser bemerkte den Verlust seines Wertstücks erst unterwegs. Seine Anzeige bei den Kriminalstellen und Staatsanwaltschaften Berlin, Leipzig, Wien und München brachte ihm seine Nadel nicht wieder.«

Am Bahnhof immer wieder, doch auch an anderen Orten Leipzigs wird geklaut: Oper, Post und Schalterhallen. Kein neues Problem, denn »das Taschendiebsunwesen hat von jeher den Polizeibehörden der Großstädte besonders viel zu schaffen gemacht, da seine Bekämpfung durch die ganze Art der Ausführung dieses Diebstahls, insbesondere durch das plötzliche Auftauchen und schnelle Verschwinden der meist gutgekleidet und unter dem Deckmantel wohlhabender Geschäftsleute auftretenden Diebe auf besondere Schwierigkeiten stößt. Dabei ist zu beachten, daß die Taschendiebe fast nie als einzelne, sondern zu mehreren, meist drei bis vier Mann, arbeiten. Zu diesem Zwecke verbinden sie sich zu sogenannten ›Kolonnen‹ oder ›Partien‹. Innerhalb dieser ist die Tätigkeit verteilt. Einer führt den Diebstahlsangriff aus, er ›zieht‹ die Brieftasche, Uhr oder dergleichen; die anderen schaffen ihm die Möglichkeit dazu und unterstützen ihn, indem sie um ihr Opfer, das in der Verbrechersprache als ›Freier‹ bezeichnet wird, ein künstliches Gedränge verursachen, dadurch sein Augenmerk ablenken und sich, vor allen den ›Zieher‹, in unmittelbare Nähe des Opfers bringen. Diese Tätigkeit des ›Dränglers‹ besteht weiter darin, den gezogenen Gegenstand sofort in Empfang zu nehmen und weiter zum ›Decker‹ zu befördern, damit das Diebesgut weder beim ›Zieher‹ noch beim ›Drängler‹, falls diese gefaßt werden sollten, gefunden wird. Auch soll der ›Drängler‹ in der Nähe beobachten, ob von Seiten der Polizei oder von dritter Seite Gefahr droht, um den ›Zieher‹ rechtzeitig zu warnen.« Der »Dekker« hat's Geld und entsorgt nachfolgend die Brieftaschen in Gleisen, Briefkästen, Papierkörben oder Parkanlagen.

Leipzig ist ein Schwerpunkt der internationalen Diebesbanden: hier »ergaben und ergeben sich solche günstige Gelegenheiten ohne weiteres zu den Messezeiten, wo ein besonders großer Zustrom fremder, meist mit wohlgefüllten Brieftaschen

versehener Personen auf dem Hauptbahnhof, in der Straßen-
bahn, in den Messehäusern usw. stattfindet. Weiter sind der
Hauptbahnhof insbesondere zu der sommerlichen Reisezeit,
etwa von Juni ab mit den ein- und auslaufenden Schnellzügen
zu rechnen, die Kaufhäuser, besonders bei dem starken Verkehr
in ihnen zur Weihnachtszeit, Ausstellungen jeder Art, bei denen sich größere Menschenmengen zusammenfinden, Bankge-
bäude, Theatergarderoben, sodann das Postscheckamt bei dem
nicht nur Menschen in größerer Menge zusammenkommen,
sondern auch ein großer Geldverkehr stattfindet, und viele weiter Gelegenheiten.« Allein in der Herbstmessewoche des Jahres
1924 wurden mehr als 55.000 Mark (das entspricht in heutige Verhältnisse gerechnet mehr als einer halben Million Euro)
Verluste angezeigt. Ein Dezernat ist längst zur Bekämpfung des
Taschendiebstahls eingerichtet. Dessen Chef seit 1923: Erich
Rouvel. Der absolvierte »eine militärische Laufbahn während
des Krieges, erhielt fünf Orden, wurde Offizierstellvertreter und
trat nach Beendigung des Krieges beim Polizeipräsidium Leipzig wieder ein, dem er bereits vor dem Kriege vom 1. Januar
1912 angehört hatte. Später wurde er der Gruppe Fischer der
Kriminalabteilung zugeteilt.« Rouvel, »ein Mann mit besten
Zeugnissen«, wurde Dezernatsleiter Taschendiebstahl mit vier
Untergebenen und eigenen Diensträumen auf dem Hauptbahnhof. »Für die mit dem Vorgehen gegen diese Klasse von Verbrechern beauftragten Kriminalbeamten kommt es in erster
Linie darauf an, des Taschendiebstahls verdächtige Personen
als solche zu erkennen, um durch ihre Festnahme den geplanten
Diebstahl zu verhindern und sie – meist durch darauffolgende
Ausweisung – unschädlich zu machen oder bei der Begehung
eines Diebstahls in rascher Erfassung der gegebenen Lage den
oder die richtigen Täter festzunehmen. Es muss deshalb bei ihnen ein besonderes Maß an Intelligenz und Geschicklichkeit
erfordert werden. Dies war auch bei den Beamten der Fall. Wie
die Leumundszeugnisse der Kriminalräte Fischer und Henoch
sowie andere Zeugen bekundet haben, hatten sich alle vier
Beamten, in erster Linie Rouvel, als besonders tüchtig erwie-
sen, sodass sie für die Zuweisung an die schwierige Gruppe

als geeignet erscheinen konnten. Die Haupttätigkeit bei dieser
Bekämpfung der Taschendiebe lag der Kriminalstelle Hauptbahnhof ob, während bei der Dienststelle im Polizeipräsidium
mehr die Oberleitung lag. Rouvel, der über eine besondere Intelligenz und Geschicklichkeit verfügt und der dadurch, daß er
infolge guter Kleidung und seines sonstigen Auftretens mehr
den Eindruck eines vermögenden Kaufmanns als den eines Kriminalbeamten machte, zum Vorgehen gegen die internationalen Taschendiebe besonders geeignet erschien, wurde bald der
enge Mitarbeiter des Dezernenten Kriminalrats Fischer und
Spezialist im Kampfe gegen die Taschendiebe. Alle Sachen, die
Taschendiebstähle betrafen, gingen durch seine Hände, sei es
daß er sie wenigstens als gesehen signierte, sei es daß er sie
weiter bearbeitete und meistens dem Dezernenten Vortrag darüber erstattete. So entwickelte sich bei Rouvel gewissermaßen
ein geistiges und auch dienstliches Übergewicht über seine in
dieser Gruppe tätigen Kollegen, das auch nicht ohne Wirkung
geblieben ist.«

Doch auch dem talentierten Polizisten Erich Rouvel und
seinen vier Mitarbeitern Oskar Grimm, Gustav Kühle, Willy
Schäfter und Heinrich Grandke gelingt es nicht, diese Kriminalität einzudämmen. Eher nimmt der Taschendiebstahl zu. Er
wird zur Plage. Allein in einer Herbstmessewoche 1924 werden 330 Taten angezeigt. Die Presse weist in Regelmäße darauf
hin: »Trotz aller Vorwarnungen in den Tageszeitungen, bei dem
Empfang oder der Einzahlung größerer Geldsummen im Post-
amt oder bei Banken die größte Vorsicht walten zu lassen und
allen Personen, die sich vor den Schaltern und Einzahler oder
Abholer offensichtlich mit Absicht herandrängen, das größte
Mißtrauen entgegenzubringen, haben geriebene Taschendiebe wieder Erfolge gehabt. Der Polizeibericht meldet darüber
folgendes:

»Am 14. des Monats sind im Hauptpostamte einem Leipziger Kaufmann bei dem Einzahlen von 1000 Mk gestohlen
worden, die er wahrscheinlich achtlos, aber jedenfalls vor den
Augen des Spitzbuben in die äußere Tasche seines Pelzes gesteckt hatte. Nach der Beobachtung eines Schalterbeamten

kommen drei junge Burschen mit harten Hüten in Frage, die um den Bestohlenen ein Gedränge verursacht haben und ohne Zweifel dabei die Tat verübten. Leider ist ihre Festnahme nicht gelungen.

Ein Buchhändler, der im Postscheckamte zu tun hatte, bemerkte schon in der Eingangstür zwei verdächtige Männer, und hatte deshalb besondere Obacht auf ein Paketchen, das er in seiner äußeren Manteltasche stecken hatte. Nach dem Verlassen des Postscheckamtes ging er in ein nahes Papiergeschäft, um etwas zu kaufen. Zu seinem Erstaunen bemerkte er, daß ihm diese beiden verdächtigen Personen gefolgt waren. Nur eine kurze Ablenkung in dem Geschäft hatte genügt, und verschwunden war schon das Paketchen. Es wurde später auf einem Postkartenständer vorgefunden. Offenbar war vom Diebe rechtzeitig bemerkt worden, daß es kein Geld, sondern nur Formulare enthielt, oder er hat sich ertappt sehend, sich des Paketes schnell entledigt. Ferner sind im Laufe der letzten Woche wieder viele Taschendiebstähle auf Straßenbahnen und besonders viele in Warenhäusern verübt worden. Es wird erneut darauf hingewiesen, auf seine Brieftasche, Uhr, Handtasche oder größere Geldbeträge beim Bezahlen oder Abheben ganz besonders zu achten und größere Geldbeträge möglichst nicht vor aller Augen aus- oder einzupacken und zu zeigen. Man bedenke, daß ständig Spitzbuben in der Nähe weilen, die jede günstige Gelegenheit zum Diebstahl ausnutzen. Jede verdächtige Person übergebe man rücksichtslos der Polizei.«

Keine Ermittlungserfolge. Weggeworfene Brieftaschen finden sich in Massen, manches Mal bis zu dreißig an einer Stelle. Die Beschwerden über die mangelhafte Polizeiarbeit häufen sich. Schuhfabrikant Schmidtbauer aus Wermelskirchen: »Als ich im Seitengange einige Schritte getan hatte, drängte mich ein Mann zurück und hinderte mich am Weitergehen. In diesem Moment spürte ich aber schon einen Griff in meiner inneren Rocktasche und merkte sofort den Verlust meiner Brieftasche. Ich erfaßte sofort den Mann und stellte ihn hierüber zur Rede. Bei dieser Gelegenheit sah ich, wie zwei Herren im Seitengang näher gekommen waren und die Brieftasche in Empfang nahmen, denn ein verstecktes Händespiel fiel mir auf. Als ich dieses Individuum nicht los ließ, wollte er fortlaufen, später ging er aber willig mit zur Polizeiwache unter fortwährendem heftigen Protestieren.« Schmidtbauer übergibt den Dieb der Polizei. Als er sich später nach ihm erkundigt, ist das Protokoll verschwunden. Zugbegleitpersonal zeigt sich verwundert: »Es ist merkwürdig. In Leipzig habe ich schon mehrere Taschendiebe der Polizei zugeführt, doch allemal ist nichts draus geworden.«

Auch Kollegen und Vorgesetzte haben Zweifel. So gibt Polizeihauptwachtmeister Thom am 10. Februar 1925 zu Protokoll: »Ob die von mir angehaltenen beiden Unbekannten erst nach Schluß der Vorstellung von der Straße aus in den Garderobenraum gekommen waren, oder ob sie der Veranstaltung im Theater beigewohnt hatten, weiß ich nicht. Ich glaube den Angaben des Logenschließers, wonach sie erst von der Straße hereingekommen waren, um Taschendiebstähle auszuführen. Während die übrigen Theaterbesucher sich nach der Garderobe drängten, um ihre abgelegten Kleider in Empfang zu nehmen, standen die beiden Unbekannten vollständig mit Hut und zugeknöpftem Mantel bekleidet mitten im Gewühle. Sie machten beide einen sehr verdächtigen Eindruck und wollten sich gegenseitig nicht kennen. Ich nahm jeden von beiden an einem Arm und bat sie zur Klärung der Angelegenheit mit nach der nahegelegenen Polizeiwache zu gehen. Beide erklärten sich hierzu auch bereit. Krim.Hptw. Grandke stand im Theater im Garderobenraume dicht neben mir und hörte, was ich mit den beiden Unbekannten verhandelte. Gesagt hat er hierzu nichts. Während ich die Unbekannten der 6. Polizeiwache zuführte, folgte uns Grandke mit etwa 1 Meter Abstand. Ich ging mit den beiden Unbekannten die Bose- und Gottsched- und Promenadenstraße entlang. Kurz vor der Kreuzung Elster- und Promenadenstraße neben einer brennenden Laterne trat Krim. Hptw. Grandke an die beiden heran und wies sich ihnen gegenüber als Krim. Beamter aus. Die Unbekannten übergaben ihm ihre Papiere. Grandke machte sich Notizen in ein Buch. Ich habe keine Papiere in den Händen gehabt und habe sie auch nicht angesehen, bis auf einen Vermerk, auf den ich von Grandke aufmerksam gemacht wurde. Es waren anscheinend Reisepässe, die sie Grandke übergaben, denn es waren Lichtbilder eingeklebt. Der erwähnte Vermerk, der sich auf eine Aufenthaltsgenehmigung bezog, war mit roter Tinte geschrieben. Die beiden Unbekannten waren keine hiesigen Geschäftsleute, es waren bestimmt Ausländer, der Sprache nach Österreicher oder Polen. Erst wollten sie sich, wie schon gesagt, nicht kennen, dann begrüßten sich die beiden als Landsleute. Nachdem Grandke die Papiere der Unbekannten sich angesehen hatte, erklärte er mir, daß sie einwandfrei wären und eine Zuführung zur Wache nicht nötig sei. Da ich annehmen mußte, daß Grandke die Handlung dienstlich vorgenommen hatte, und er die Angelegenheit weiter verfolgte, sah ich die Sache für mich als erledigt an. Als die beiden Unbekannten sich von uns getrennt hatten, sie gingen die Promenadenstraße zurück nach dem Theater zu, habe ich Grandke gegenüber gleich geäußert, daß er einen Fehler gemacht habe, und wir die beiden Unbekannten unbedingt der Wache hätten zuführen müssen, zumal es sich um Ausländer handelte und wir nur noch eine kurze Strecke bis zur Wache hatten. Grandke entgegnete mir, die Sache sei geprüft und in Ordnung. Ich ging nach der Wache, während Grandke die Richtung einschlug, welche die beiden Unbekannten eingeschlagen hatten, nämlich die Promenadenstraße zurück dem Theater zu. Ich kann mich des Gedankens nicht erwehren und behaupte nach wie vor, daß die beiden Unbekannten Taschendiebe gewesen sind.«

Auch diese Fälle werden mehr und mehr. Auf der Post führt der gerufene Polizist ertappte Täter ab, nur kommen die auf dem Revier nicht an. Gleiches geschah auf dem Messamt, dort war es offensichtlich ein falscher Beamter, der die Verdächtigen kontrollierte und wieder laufen ließ. »Der Mann bezeichnete sich als Kriminalbeamter, legitimierte sich aber auf meine Aufforderung hin als solcher nicht. Er sagte, er müsse herein, denn er fahnde nach Taschendieben.« Seltsam der Fall des Baurats Ludwig Hoffmann, Architekt des Reichsgerichtsgebäudes. In seiner Brieftasche befanden sich 800 Mk., als sie ihm gestohlen wurde. »Grandke gab Hoffmann die Brieftasche mit dem Geld zurück. Hocherfreut zahlte der Geschädigte dem Beamten 200 Mk. Belohnung aus.« Die Rückgabe ein Einzelfall. Die Diebstähle sind nicht in Griff zu kriegen, die Täter dreist. Der Presse bleibt zu warnen. Plakate werden gehängt, auf dem Bahnhof die Durchsagen wiederholt: »Bitte, achten Sie auf Ihr Gepäck!« Die materiellen Verluste bleiben wie auch die vielen Strafanzeigen: knapp 50 pro Tag.

Auch die ermittelten Polizisten geraten unter Verdacht: »Seit einiger Zeit beobachtete der Leiter des Leipziger Kriminalamtes, Oberregierungsrat Dr. Heiland, daß einer seiner Beamten, der Kriminalhauptwachmeister Erich Rouvel, von der Abteilung zur Bekämpfung der internationalen Taschendiebe, in seiner Kleidung einen Aufwand trieb, der mit seinen Diensteinkommen beim besten Willen nicht in Einklang zu bringen war. Unauffällig eingezogene Erkundigungen lieferten die nicht recht befriedigende Erklärung, daß Rouvel von reichen Verwandten großzügig mit Geld unterstützt werde. Auf jeden Fall mußte die Geldquelle des Beamten äußerst ergiebig sein, denn nach und nach stellte sich heraus, daß Rouvel seine im Stadtteil Möckern gelegene Wohnung verblüffend luxuriös eingerichtet hatte, daß er dort auch in verschiedenen Lokalen häufig Sektgelage mit größerer Teilnehmerzahl veranstaltete, und daß Frau Rouvel an Eleganz der Aufmachung ihren Gatten bei weitem noch übertraf.

Da fiel eines Tages von der Waterkant her Licht in die dunkle Affäre: Die Hamburger Kriminalpolizei teilte ihrem Leipziger Kollegen Heiland mit, daß internationale Taschendiebe an einen ihrer Beamten herangetreten seien, um ihn zum Helfershelfer für ein rentables ›Ding‹ zu gewinnen, und daß sie dabei mit dem Hinweis gearbeitet hätten, in anderen deutschen Städten wie beispielsweise in Leipzig, seien derartige ›Geschäfte‹ mit ›guten Nutzen für beide Parteien‹ abgeschlossen worden. Sofort begab sich Oberregierungsrat Heiland nach Hamburg. Hier wurden ihm Beweise dafür unterbreitet, daß sein Beamter Rouvel seit Jahren mit dem internationalen Gaunertum unter einer Decke steckte. Auf die Bitte Heilands wurde zur Aufhellung der ganzen Angelegenheit der sachlich zuständige Hamburger Kriminalbeamte der Leipziger Behörde zur Verfügung gestellt. Er operierte so geschickt, daß schon nach verhältnismäßig kurzer

Zeit die Voraussetzungen für die Festnahme Rouvels lückenlos beisammen waren. Bei einem der üblichen Rapporte lockte Dr. Heiland dem verbrecherischen Beamten die Dienstpistole ab und sagte dann zu ihm: ›So, Herr Rouvel, das Spiel ist aus!‹«

Eine Durchsuchung von Rouvels Wohnung fördert Erstaunliches zu Tage: »1.500 Mk. in Hundertmarkscheinen, 660 amerikanische Dollar, 12 englische Pfund und andere ausländische Geldsorten, eine große silberne Herrenuhr, eine goldene Uhr, graviert mit Julius Henschel, Plauen, zahlreiche goldene Schlipsnadeln, teilweise mit echten Perlen besetzt, Etuis mit goldenen Ringen, goldene Ohrringe mit echten Brillanten besetzt, goldene Kolliers, Brillanten und viele andere kostbare Schmucksachen, weiter ein Reisenecessaire, ein Reisekoffer, ein Herrenpelz, Damensealmantel, 10 Sparkassenbücher mit verschiedenen Einlagen und vieles andere.« Bei Rouvels Verhaftung bleibt es nicht.

Alle mit der Aufklärung betrauten Polizisten steckten mit den Taschendieben unter einer Decke. Alle, samt Chef Erich Rouvel, waren von den Dieben »plattgemacht«. Die Presse titelt voller Häme: »Bock als Gärtner«. Schnell kann bewiesen werden, daß sämtliche Beamten aus Rouvels Abteilung aktiv am Diebstahl beteiligt waren. Zunächst war Oskar Grimm Chef des Dezernats Taschendiebstahl. Diesen Posten übertrug man später Erich Rouvel, dem »Grimm ein schlechter Lehrmeister gewesen sei«. Rouvel versucht sich zunächst herauszureden und »erklärte, daß es keinen Kriminalbeamten gebe, der nicht mit Spitzeln und Verbindungsleuten arbeite. Und diese Verbindungsleute seien fast nur Verbrecher.« Er schiebt seine Schuld dem andern zu. »Grimm habe aber bereits damals (als er die Abteilung übernahm) Verrat an der Arbeit seiner Kameraden geübt. Er habe die Maßnahmen der Beamten den Verbrechern verraten. Oskar Grimm habe schon längere Zeit mit den Gaunern unter einer Decke gesteckt. Er, Rouvel, habe ihn einmal zur Rede gestellt, da ihm eine Sache nicht sauber erschien, wie er aus den Akten ersah. Daraufhin habe ihm Grimm einmal im Januar 1924 in eine Weinstube eingeladen. Dort habe Grimm erklärt, daß die Kollegen viel zu dumm wären. Man könne doch auf leichte Weise viel Geld verdienen. Infolge verschiedener Vorgänge sei er, Rouvel, damals der festen Ueberzeugung gewesen, daß auch Kriminalrat Fischer mit den Taschendieben gemeinsame Sache mache. Schließlich hatte ihm Grimm gestanden, daß er sich bereits sieben Jahre lang in den Händen der internationalen Gauner befinde. Rouvel will, da er sich in guten pekuniären Verhältnissen befand, es abgelehnt haben, den Taschendieben Beihilfe zu leisten. Grimm habe gejammert, er solle ihn ja nicht unglücklich machen, er sei so schon unglücklich genug. Er, Rouvel, habe nicht das Herz gehabt, Grimm und Fischer zur Anzeige zu bringen. Er habe Angst vor dem Korpsgeist der Kollegen gehabt« und fortan an mitgetan am Verrat. Und nun hätten ihm »die Verbindungsleute im Nacken gelegen«. Die Verbrecher forderten für ihre Spitzeldienste einen Ausgleich. Einer wollte, daß »die gegen ihn wegen seiner Vorstrafen verfügte Ausweisung aufgehoben werde«. Ein anderer Erleichterungen in der Haft. Schließlich gaben die internationalen Taschendiebe den Polizisten Bestechungsgeld und erwarteten dafür die Gegenleistung. Oft mehr als 100 Mk. pro Woche – das war ein ganzer Monatslohn – erhielten die Polizisten. Und »wer nicht zahlte, bekam Hausverbot«. An den Flügeltüren des Querbahnsteigs hätten Grimm gestanden »und von den Taschendieben, die hinein wollten, abkassiert, und daß jeder, der nichts gegeben habe, von ihm heruntergewiesen wurde«. Wenn die Beute Rouvel und Gen. nicht genug, sei der Dezernatsleiter höchstpersönlich auf dem Bahnsteig erschienen und habe das Codewort »Blutwurst« geflüstert, denn »klaut mehr« habe er in der Öffentlichkeit schlecht sagen können.

Die »Kolonnen« hatte man unter den Ermittlern aufgeteilt. Jeder Polizist hatte 5/6 Bahnsteige zu kontrollieren und unliebsame Zeugen in Sicherheit zu wiegen. Schließlich seien alle Mitarbeiter des Dezernates Taschendiebstahl auf dem Bahnhof »platt« gewesen. Im Februar 1925 werden sie verhaftet. Und mit ihnen einige der namentlich bekannten Täter, doch bei weitem nicht alle.

Viele der Festgenommenen stehen schon lange Zeit auf den Fahndungslisten. »Die berüchtigten Taschendiebe, die mit platten Kriminalbeamten ›gearbeitet‹ haben und diese vorher plattgemacht haben, sind: Liebeskind, der den Spitznamen ›Orleand‹ führt und Eisekowicz; ehe Leipzig platt gemacht wurde, war längst und einige Jahre früher Berlin durch Liebeskind und Eisekowicz mit ihrem Anhang plattgemacht worden; Liebeskind gilt in den Verbrecherkreisen als das Oberhaupt der Kolonnen, die mit platten Beamten sowohl in Berlin als auch in Leipzig gearbeitet haben. Liebeskind stellte die Kolonnen zusammen und bestimmte auch die Arbeitsfelder; wo geeignete ›Kräfte‹ fehlten holte er sie brieflich aus Polen etc. Liebeskind nahm nicht nur Geld von den platten Kolonnen, mit denen er sich aktiv an den Diebstählen beteiligte, sondern er bezog auch seine Prozente von den Kolonnen, die von ihm und durch platte Beamte begünstigt wurden, d.h. die mit deren Zustimmung in bestimmten Gegenden arbeiten durften. Eisekowicz gilt in den Verbrecherkreisen als ein äußerst gemeingefährlicher Erpresser und er wird als ein Blutsauger bezeichnet.« Weitere Namen: Josef Herschlikowitz, Isaak Dinant, Wolf Grünblatt, Henoch Zschrepneck, oder Abraham Freiwischowitzsch. Sie kennen sich, sind versippt und verschwägert und tragen phantasievollen Spitznamen: Schmuhl, Jossel, Amerikaner oder Diamant. Die Ermittlungen erstrecken sich nach Łodz, Paris und Wien, nach Belgien, Russland und Rumänien.

Kriminalrat Fischer beteuert seine Unschuld. Oskar Grimm begeht Selbstmord. Und »daß sei ein Unglück für ihn und seine Kameraden«, denn damit sei nun der Hauptschuldige verstorben. Polizeichef Dr. Heiland ermittelt persönlich in dem Fall. Kriminalrat Fischer scheint tatsächlich unter falschem Verdacht. Verblüffend: Nach den Verhaftungen sinken die Diebstahlszahlen von 330 in der Herbstmesserwoche 1924 auf 83 zur Frühjahrsmesse 1925, die entwendeten Summen von 53.000 Mk. auf 1.800. Eineinhalb Jahre später wurden nur noch 21 Diebstähle angezeigt. Leipzig befindet sich somit wieder im »landesweiten Durchschnitt«.

Die Polizisten Erich Rouvel, Gustav Kühle, Willy Schäfter und Heinrich Grandke werden zusammen mit den von ihnen betreuten Taschendieben vor Gericht gestellt. Der Ernst der

Lage scheint nicht allen klar: »Welcher Beamte hat noch nie etwas angenommen, ohne sich dabei gleich strafbar zu machen?« Der Prozeß erregt Aufsehen über die Regionalgrenzen hinaus. Das Schauspiel beginnt am 12. November 1926 nach umfangreicher Ermittlungsarbeit. Das Publikums- und Medieninteresse ist außergewöhnlich: Die Staatsmacht selbst ist korrumpiert. Beamte sitzen mit gemeinen Taschendieben zusammen vor dem Richter. Die angeklagten Beamten versuchen, auf der Bank Abstand zu wahren, doch Zeugen bestätigen die intime Nähe der Parteien. Man habe zusammen gefeiert und sich besoffen, und Polizisten haben den Tätern samt deren Geliebten Schlafstellen zur Verfügung gestellt. Selbst bei Rouvel sei übernachtet worden. Und noch mehr: »Der Zeuge Aufsichtsbeamter Adler vom Kaufhaus Althoff bekundet, daß der Kriminalbeamte Schäfter eines Tages von einem Einkäufer beschuldigt wurde, ›selbst gezogen‹ zu haben, während andere Angeklagte ›deckten‹. Der Einkäufer soll gesagt haben, ›Und wenn Sie auch Kriminalbeamter sind. Sie haben meiner Frau in die Tasche gegriffen!‹

Schäfter: Eine solche Tat kann ich einfach nicht ausführen!
Vors.: Herr Schäfter! Das sieht ja so aus, als ob Sie mit einer Kolonne ›gearbeitet‹ hätten!
Schäfter: Diese Beschuldigung ist mir neu. Ich kann so etwas überhaupt nicht tun.«

Die Angeklagten beschuldigen sich gegenseitig ohne Ansehen von Person und Stellung, »Pfui!« rufen sie sich mehrmals zu. »Pfui! Pfui!« Sie widersprechen sich, geben nur das zu, was ihnen die Staatsanwaltschaft beweisen kann. »Die Gauner haben sich bei Rouvel beschwert, daß Kühle von Srebnik II noch die ganze Wäsche erpressen wollte. Diese Ausplünderung der Taschendiebe durch platte Beamte dürfe nicht zu weit gehen. Rouvel erklärt nun mit erhobener Stimme, daß er jetzt keine Rücksicht mehr nehmen könne, da er von Mitangeklagten dauernd belastet wird. Er habe im Neuen Theaterrestaurant Kühle mit seiner Ehefrau und Diamant sitzen sehen! Kühle sei unter den Taschendieben schon lange als Erpresser

bekannt gewesen.« Jener Srebnik II entgegnet, ich bin »kein
Taschendieb. Diamant, der König der Taschendiebe habe stets
erklärt: Die Taschendiebe sind das 71. Volk der Erde!
Staatsanwalt: Was soll das heißen?
Srebnik: Nun, es gibt doch 70 Völker auf der Erde, und als 71.
schuf der Herr das Volk der Taschendiebe.«

Doch haben die Diebe nach gelungner Tat den Profit nicht
allein verbuchen können. Briefe voller Geld haben sie über-
geben müssen. Wie auch sonst hätten sich die Beamten solchen »pomfortionösen Lebensstil« gestatten können. Mehr
als das Vierfache seines Monatslohns hat man Rouvel monatlich gezahlt. Oft seien die Forderungen der Polizisten zu
hoch gewesen. Doch »wenn sie nicht zahlten, bekamen die
Diebe Hausverbot. Und Rouvel sei immer hin und her gerannt
und habe bald von der einen bald von der anderen Kolonne
Geld genommen. Dabei habe er die Diebe durch leises Zurufen
des Wortes ›Blutwurst‹ zum Stehlen angefeuert. In demselben
Zusammenhange bekundet der Zeuge, daß Rouvel die Diebe
angewiesen habe, die gestohlenen Brieftaschen zu vernichten
oder ihm zu geben.« Und dann hatten sich die »guten Arbeits-
bedingungen« in Leipzig unter den Dieben herumgesprochen.
Viele verlegten ihre »Wirkungsstätte« nicht nur zur Messezeit
nach hierher. Es kamen mehr und mehr. »Der Angeklagte Amster erklärt, daß er sich über die jetzige Zurückhaltung der
Kriminalbeamten wundere. Es sei doch stets offen davon gesprochen worden, daß etwa 40 bis 50 aus Versehen festgenommene Taschendiebe wieder freigelassen wurden, wenn sie nur
Geld auspackten. Die Kriminalbeamten brauchten doch die
Gauner gar nicht zu decken. Auf dem Polizeipräsidium seien
sie genug gedeckt gewesen.«
   Die Diebe hatten leichtes Spiel und Spaß. Ein Zeuge erzählte,
»daß Wagschal sogar dem Untersuchungsrichter während der
Vernehmung die Brieftasche mit 600 Mark entwendet hätte«.
Die Taschendiebe waren die »Herren der Situation« in Leip-
zig – keine Frage. »Diese Menschen waren ja schlimmer als
Insekten!« 30 bis 40 Mann haben gleichzeitig auf dem Haupt-

bahnhof gearbeitet. Doch »das ›Geschäft‹ habe aber dann nicht mehr so geblüht, da zu viele Taschendiebe mausten.«

Immer noch mehr Zeugen melden sich und identifizieren die Beamten, als diejenigen, welche Ermittlungen versprachen, die sie nie durchführten. »Dann teilt der Staatsanwalt mit, daß ein Fabrikant aus Adorf, Otto Landgasser, in einer der bei Rouvel gefundenen mit Brillanten besetzten Schlipsnadel sein Eigentum mit Bestimmtheit wieder erkannte, das ihm auf dem Leipziger Hauptbahnhof durch Taschendiebstahl entwendet worden ist. Rouvel erklärt, die Nadel seit 1919 rechtmäßig zu besitzen.« Gutachter bestätigen, ein unvergleichliches Einzelstück, Kopie nicht möglich. Der Fabrikant belegte sein Eigentum zudem mit einem Foto und ist hocherfreut, das Schmuckstück wieder in Besitz nehmen zu können. Die Verteidigung verwahrt sich gegen solche Überrumplungstaktik. Doch entlastende Momente sind von ihr kaum vorzubringen, die Angeklagten mehr oder weniger geständig.

Wegen Bandendiebstahls, Beihilfe dazu, Begünstigung im Amte, Bestechung usw. werden die Angeklagten für schuldig befunden. »Die Beamten sind in ihrer Unterstützung der Taschendiebe noch weiter gegangen. Sie haben die Diebstähle nicht nur geduldet, sondern die Taschendiebe noch zum Stehlen ermuntert und dabei ›gedeckt‹. Dieses Decken. Ähnlich der am Diebstahle direkt Beteiligten Kolonnenmitglieder, bestand darin, daß die angeklagten Beamten sich, sei es auf Grund des allgemeinen Zusammenarbeitens, sei es auf Grund besonderer Verabredung, in der Nähe der Taschendiebe aufhielten, um sie, sobald Gefahr drohte, zu warnen beziehungsweise diese abzuwenden, damit die Diebe ungestört arbeiten konnten, sowie um, falls das Mißgeschick der Entdeckung wirklich eintrat, sofort helfend in der oben geschilderten Weise einschreiten zu können. Die angeklagten Beamten, die ja durch ihr verwerfliches Verhalten verdienen wollten, hatten natürlich ein Interesse daran, das möglichst reiche Beute erzielt würde, damit sich auch ihre Einnahme möglichst groß gestaltete. Gerade dieses Verhalten der Beamten aber – das sei hier ausdrücklich hervorgehoben – widerlegt schlagend ihr Verteidigungsvorbringen, daß sie stets nur widerstrebend und nur unter dem Drucke der Taschendiebe gehandelt hätten. Denn dann hätten sie ihre den Dieben geleistete Unterstützung auf das notwendigste beschränken können, eben auf das erwähnte Dulden, das ›Beide-Augen-Zudrücken‹, und hätten es nicht nötig gehabt, in dieser weitgehenden Weise zu besonders erfolgreichem Gelingen der Diebeszüge mitzuwirken. Das entsprang nach der Überzeugung des Gerichts allein zu dem Bestreben, dabei möglichst reichen Gewinn zu ziehen.« Bei Erich Rouvel stellt das Gericht die besondere Schwere seiner Schuld fest: »Außer neuen Möbeln fanden sich in seiner Wohnung in Möckern, Hallische Straße 260 III verschiedene Pelzsachen für ihn und seine Frau, eine goldene und eine silberne Taschenuhr, Schmucksachen, sowie vier goldenen Busennadeln, Ringe und Ohrringe mit Brillanten usw. schließlich zehn Sparkassenbücher über etwa 29.000 Papiermark, in Brieftaschen etwa 1000 Dollars, 12 englische Pfunde, tschechische Kronen und Schweizer Franken sowie 15 Hundertmarkscheine und 167 Dollarschatzanweisungen. Außerdem waren von solchen Vermögenswerten in Rouvels Schreibtisch im Polizeipräsidium noch eine goldene Taschenuhr und eine silberne Armbanduhr vorgefunden worden. Wenn man davon ausgeht, daß diese Vermögenswerte im allgemeinen reell erworben seien, so mußte ihnen sowie den vorher genannten Aufwendungen eine recht günstige Vermögenslage Rouvels zu Grunde liegen. Rouvel selbst hat dazu angegeben, er habe sich schon von seinen Eltern und Schwiegereltern aus in guten Vermögensverhältnissen befunden, er habe sich später vielfach an Geschäften beteiligt, durch die er große Gewinne erzielt habe. Zu ersteren aber hat er zugeben müssen, daß er Ende des Jahres 1919, Anfang 1920 etwa 15.000 Mark besessen habe. Nach dem damaligen Kurse würde dieser Betrag etwa nur 1000 bis 1400 Goldmark ausmachen, also keineswegs ein beachtliches Vermögen darstellen. Für seine angeblichen Handelsgeschäfte aber hat Rouvel keine greifbaren Unterlagen angeben können. Sonach können beide Erklärungen Rouvels nicht als genügende Erklärung für seine auffällig günstige wirtschaftliche Lage angesehen werden.« Das Urteil lautet:

Erich Willi Rudolf Rouvel, 15.4.1886, Eberswalde, KHptw.
7,3 J ZH

Hermann Gustav Kühle, 5.11.1881 Schlanstedt bei Oschersleben, KK 5 J ZH

Emil Richard Willy Schäfter, 1885 Leipzig, KHptw.
4,9 J ZH

Johann Heinrich Grandke, 26.10,1888 Bersenbrück bei Osnabrück, KHptw. 3,6 J ZH

Abraham David Srebnik, 1899 Siedlce/Polen, Fellhändler
3,6 J ZH

Michael Eisekowicz, 6.5.1891 Lodz/Polen, Handlungsgehilfe
4,6 J ZH

Armin Amster, 11.4.1891 Budapest, Mechaniker
7,9 J ZH

Albert Rubin, 6.4.1890 Saloniki, Kaufmann
3,6, J ZH

Chaim Isaak Wagschal, 7.11.1890 Wisznicz/Polen, Kaufmann
3,9 J ZH

Nachspiel

»Im August 1931 wurde in Berlin-Charlottenburg, Leibnizstraße, in der Wohnung eines Kaufmanns ein schwerer Einbruch verübt. Der Wohnungsinhaber hatte mit seiner Frau und seinen Kindern am Nachmittag einen Spaziergang unternommen. Als die Familie zurückkehrte, war die Wohnung ausgeraubt. Die Einbrecher hatten Schmucksachen und Gemälde im Werte von 35.000 Mark mitgenommen. Der Schaden wurde der Versicherungsgesellschaft gemeldet. Diese schlug eine vergleichsweise Zahlung von 20.000 Mark vor.« Das lehnte der Bestohlene ab und machte sich verdächtig. Sein Unternehmen stand kurz vor dem Bankrott, mit dem Geld konnten die Schulden fast beglichen werden. Doch nicht der Kaufmann hatte den Diebstahl bestellt, seine Frau hatte die Initiative ergriffen und ihren guten Bekannten gebeten, das Ding durchzuziehen. Der »gute Bekannte« hieß Erich Rouvel. Er landete wieder hinter Gittern.

Quellen

Akten des Sächsischen Staatsarchivs. Leipzig
Friedrich Karl Kaul: *Es knistert im Gebälk*. Berlin 1961.
Barbara Neuhaus: *26 Bahnsteige*. Berlin 1972.
Walter Fellmann: *Leipziger Pitaval*. Berlin 1980.
Peter Hiess/Christian Lunzer: *Mord-Express*. Wien 2000.
Helge-Heinz Heinker: *Leipzig Hauptbahnhof*. Leipzig 2005.
Gerd Müller: *Hier Kripo Leipzig ...* Leipzig 2011.

Bei Todesstrafe: Betreten verboten!

Die Gutsbesitzer Kaehne, Petzow 1913–1946

Du dämlicher Hund liegst blutend im Wald.
Ein preußischer Adliger machte dich kalt.
Zitternd stand ein Junge dabei –
Mensch, du warst Nummer 103!
Wälz dich im Dreck – aber mach keine Szene.
Auf Dich schoß nicht schlecht
waidgerecht Kähne.

Kurt Tucholsky

1922 ließ Kurt Tucholsky seinen Gefühlen literarisch freie Bahn. Es war seine Reaktion auf die Schießereien im Petzower Forst und die darauf folgenden Justizskandale. Es war beileibe nicht der erste Vorfall dieser Art und nicht das erste Fehlurteil. Es war nicht der letzte Schußwechsel am Schwielowsee. Aktenkundig sind die »Schießwütigen Grundbesitzer« seit 1913. Karl von Kaehne sen. und Karl von Kaehne jun. standen wiederholt vor den Schranken des Gerichts. Wiederholt wurden sie von den Anklagen freigesprochen. Täter und Opfer und Legenden.

Der Schwielowsee ist Ausflugsziel der Großstädter Berlins. Stille Ufer. Ausgedehnte Wälder. Wandern. Angeln. Arbeitsstreß vergessen. Seit 1630 haben die Kaehnes vor Ort Grundbesitz. Karl I. Kaehne übernimmt 1819 die Gutsverwaltung. Wenn auch nicht nachgewiesen: Peter Joseph Lenné plante mit am Petzower Park. Freund Friedrich Schinkel soll das neue Herrenhaus entworfen haben. Theodor Fontane beschreibt es in seinen *Wanderungen durch die Mark Brandenburg* als »eine Mischung von italienischem Kastell- und englischem Tudorstil, denen beiden die gotische Grundlage gemeinsam ist. Der, wie er sich unter Efeu und Linden darstellt, wirkt pittoresk genug, ohne daß er im Übrigen zu loben wäre.« Der sanierte Herren-

sitz ist heute bildschöne Kulisse von Deutschlands erster Tele-
novela »Bianca – Wege zum Glück«. Die Kaehnes waren stolz
und achteten ihr Gut. 1840 erhob König Friedrich Wilhelm IV.
das Kaehnsche Geschlecht in den erblichen Adelsstand. Doch
die Revolution anno 1848 drohte auch außerhalb Berlins. Ar-
beitslose, Tagelöhner, »besonders Herrn von Kaehne haßten
sie. Er war ihnen Symbol unerträglichen Reichtums und schier
grenzenloser Macht, denn als Rittergutsbesitzer verfügte er in
Petzow über Polizeigewalt. In ohnmächtiger Wut drangen sie in
seine Besitztümer ein, verwüsteten seine Jagdreviere und seine
Wälder. Kaehne hatte keine Wahl mehr. Nur noch mit kompro-
mißloser Härte konnte er die Ordnung wiederherstellen.« Dem
ersten Karl von Kaehne wird die Weisheit zugeschrieben: »Gott
regiert die Welt und der Knüppel die Leute.« Seine Nachfahren
Karl III., geboren 1863, und Karl IV., Jahrgang 1895, folgten
kompromißlos dieser Tradition.

Knüppel oder Schrot bekamen alle Unbefugten zu spüren.
Sicher zwang Not die Bevölkerung, sich Nahrung und Heizmaterial illegal zu besorgen. Die Kaehnes verteidigten ihren Grund
und Boden gegen jeden Zutritt. Auch gegen arglose Erholung-
suchende. Ein Wasserwanderführer vermerkt: »In die südliche
Bucht (des Schwielowsees) zeigt das Kirchlein von Petzow den
Weg; jedoch, da es Privatbesitz ist, darf man dort nicht anle-
gen. Man pflegt auf Personen, die das Land unbefugt betreten,
zu schießen! Also Vorsicht!« Ungastliche Tafeln warnen aller
Wege: »Betreten streng verboten!« Ungute Erfahrungen hat
mancher gemacht.

Anno 1913 im Mai traf es die Söhne des Landarbeiters Kliche. Die Kinder suchten im Forst Pilze und wurden von Kaehne
jun., selber kaum 18, vor den Gewehrlauf gestellt. Den Acht-
jährigen verwundete Kaehne im Rücken. Auf den Sechsjährigen
trat er besinnungslos ein. Der ihn begleitende Förster verhin-
derte Schlimmres. Ein viertel Jahr später trafen die Kugeln von
Kaehne jun. Vater Kliche beim Angeln. Pfingsten 1913 suchte
Heinrich Thomaske nach Lietzeneiern im Schilf, als ihn des jungen Kaehne Schrot schwer verletzte. Zimmermann Born eilte zu
helfen, ihn traf die Kugel im Bein. Einzig Born erstatte Anzeige

gegen den Gutsherrn. Der wurde wegen fahrlässiger Körperverletzung zu 150 Mark Buße verurteilt. Vater hatte ausgesagt: »Ich habe meinen Sohn instruiert, jeden Spitzbuben eine draufzuknallen. Das ist so Brauch in Petzow. Diese Weisung hatte ich schon von meinem Großvater bekommen.« Auch das Gericht schätzt Tradition. Bei allen folgenden Prozessen zeigen die Richter Verständnis für die Gründe der Gewalt. Selten müssen die von Kaehnes Strafe zahlen, meist endet's mit Freispruch, die Kosten fallen dem Staate zur Last. Im Jahre 1945 verzeichnet Juniors Biographie 17 Verurteilungen. Angezeigte und nicht gemeldete Vorfälle sind als zahlenmäßig vielfach höher anzunehmen. »Von Kähne jun. ist ein sehr leicht erregbarer Mensch, offenbar Psychopath, der nach den Erfahrungen der letzten Jahre stark dazu neigt, die Waffe auch unberechtigterweise gegen seine Mitmenschen zu gebrauchen. Es ist daher damit zu rechnen, daß er in Zeiten der Unruhe selbst in starkem Maße die Ruhe und Besonnenheit verliert und allein durch sein Verhalten Unruhe in der Bevölkerung schürt. Nur unter diesem Gesichtspunkt bin ich für den Erlaß des Schutzhaftbefehles gegen ihn eingetreten, obwohl er im vorliegenden Falle des Zusammenstоßes mit den Holzdieben in Notwehr gehandelt zu haben scheint, wobei allerdings auch jetzt wieder, wie ich höre, gegebenenfalls eine Überschreitung der Notwehr in Frage kommt. Ich empfehle daher, die Haftentlassung davon abhängig zu machen, daß sich die Gegend um Petzow auch tatsächlich beruhigt hat, was sich erst nach Zurückziehung des zur Zeit dort noch stationierten Schutzpolizeikommandos zeigen dürfte.«

Privat sind Sohn und Vater seit den Zwanzigerjahren zerstritten. Karl von Kaehne jun. wird wegen unstandesgemäßer Eheschließung enterbt. Karl IV. setzte seinen Willen und die Liebe durch und heiratete die Tochter eines Försters. Für den Vater ein Eklat. Der Sohn verläßt den Herrensitz, bleibt dem Elternhause jedoch beruflich treu. Karl Kaehne jun. wird Forstaufseher seines Vaters und nimmt dessen untertarifliche Entlohnung und weitere Demütigungen in Kauf. Doch unbeirrt seine Haltung gegenüber unbekannten Personen in seinem Aufsichtsbereich: Schüsse, Schläge, böse Worte.

Im Januar des Jahres 1923 erwischte Karl IV. das Ehepaar Lucas bei unrechtem Tun. Der Gatte hatte sich an einem Baum »vergangen«. Also Revolver gezogen und Lucas die Hände über den Schädel, und immer drauf mit dem Scheit. Als dessen Frau um Hilfe schrie, dergleichen Tritte und Schläge. Nur Tage später stellte Kaehne jun. Wandervögel auf ihrem Weg nach Werder. »Euch Lauselümmel werde ich beibringen, Privatbesitz zu achten!« Die Drohung kannte »keine Gnade«. »Erlauben Sie mal!«, entgegnete ein Junge namens Torgeler. Kaehne schlug zu. Es kommt zu Protesten. Es kommt zu Prozeß und Berufung vor dem Landgericht Potsdam: »Von den ihm zur Last gelegten Straftaten blieb nach der Darstellung [...] sehr wenig übrig. Die Eheleute Lucas, die er im Januar 1923 bei einem Holzdiebstahl antraf, hätten in verdächtiger Weise das Beil gegen ihn erhoben – daran hielt v. Kaehne fest. Bei dem Ringen mit Lucas sei nur seine Faust, ein paar Mal gegen dessen Kinn, Zähne und Nase gekommen. Von der ›anständigen Verlederung‹, die er vor dem Schöffengericht im ersten Termin mit sichtlicher Genugtuung geschildert hatte, sagte er nichts mehr. Er erzählte nicht mehr, daß Lucas ›Backpfeifen kriegte, wo es hintraf und saß‹. Nur das räumte er ein, daß er ihm ›links und rechts ein paar gegeben‹ habe. Ihm, wie die Eheleute Lucas bekundeten, ›einen Strick um den Hals geworfen‹ zu haben, bestritt er. Den Strick habe er ihm über den Kopf geworfen, um ihm die Arme zu binden. Die Eheleute blieben unter Eid bei ihrer gegenteiligen Darstellung. Er habe Lucas so geschlagen, daß der zeitweilig ›die Besinnung verlor‹. Die um Hilfe rufende Frau habe er bedroht, ›sie über den Haufen zu schießen, wenn sie nicht ›die Schnauze hielte‹. Auch ein paar Waldarbeiterinnen bekundeten, daß v. Kähne sie, als sie auf die Hilferufe herbeieilten, durch Bedrohung mit der Schußwaffe verscheucht habe. [...]

Im Falle Torgeler [...] wollte sich v. Kähne ebenso auf sein vermeintliches Recht berufen. Er habe Torgeler mit einer von ihm geführten Gruppe des Charlottenburger Wandervogelvereins ›Frischauf‹ auf Ackerland seines Vaters getroffen, sie durch einen ›Signalschuß‹ gestellt, den sich ›arrogant‹ benehmenden

Torgeler einen ›dummen Jungen‹ genannt und auf dessen Bemerkung ›Erlauben Sie mal!‹ ihm ›ein paar geklebt‹. Torgeler sei dabei, ›weil der Boden etwas uneben war‹, zu Fall gekommen. Als die jungen Leute nicht auf den Weg, den er vorschrieb, zurückgehen wollten, habe er ihnen gesagt: ›Wenn ihr nicht Order pariert, kriegt ihr den Hosenboden voll!‹ Schon das Auftreten Torgelers und seiner Begleiter widerlegte v. Kaehnes Behauptung eines ›arroganten‹ Benehmens. Sie bekundeten unter Eid, daß sich v. Kaehne ihn, der sich höflich entschuldigte, ›Lausejunge‹ geschimpft und ihn ›mit der Faust in das Gesicht und gegen die Schläfe‹ geschlagen habe, sodass er ›hinstürzte‹ und sich später übergab. Sie seien nicht auf Acker, sondern auf einem durch Fahrgleise gekennzeichneten Feldweg gegangen, v. Kaehne aber habe sie nachher über den Acker zurückgetrieben, indem er drohte, ihnen sonst ›eine Kugel in die Knochen zu schießen‹. [...]

Das Gericht kam nach langer Überlegung zu dem Urteil, die Nötigung der Frau Lucas durch Bedrohung mit der Schußwaffe könne man nicht für bewiesen halten, darum müsse v. Kähne in diesem Punkte freigesprochen werden. Bewiesen sei dagegen alles Übrige, doch habe man diese Straftaten ›milder‹ zu beurteilen. Die Strafe für Mißhandlung von Lucas, Mißhandlung und Beleidigung von Torgeler, Nötigungsversuch gegen Torgeler und seine Begleiter wurde auf zusammen ›nur 7 Wochen Gefängnis‹ bemessen. Wegen verbotenen Waffentragens blieb es bei 600.000 Papiermark Geldstrafe.«

Sehr ausführlich berichten die Zeitungen (in diesem Fall das kommunistische Parteiorgan »Rote Fahne«). Längst waren die von Kaehnes in den Blick klassenbewußter Öffentlichkeit geraten und zum Politikum geworden. So der Vorwurf: In Kaehnes Forst konnt' man unversehens in den Tod geschossen werden. Ein Mordprozeß gegen Karl von Kaehne sen. wurde seit zwei Jahren angestrengt. Verschleppte die Justiz absichtlich? Urteilte man in der Republik qua gesellschaftlicher Stellung wie ehedem im Feudalismus? Opfer und Parteien interpretierten das zögerliche Gebaren der Justiz in diesem Sinne. Und das Verhalten der Herren von Kaehne verschärfte diesen Konflikt.

Am 2. Mai des Jahres 1921 war der junge Otto Laase, 16 Jahre, das letzte Mal gesehen. Der Sohn eines Landarbeiters wollte am Ufer des Schwielowsees nach Lietzeneiern suchen. Das hatte er Gustav Rehfeld erzählt. Der letzte Zeuge war dem Knaben auf dem Wege nach Petzow begegnet. Laases Eltern lassen mit allen erdenklichen Mitteln nach ihrem Sohn suchen. Ohne Erfolg. Am 30. Juli findet ein Milchschweizer in kaehneschen Diensten in einer Tannenschonung auf von Kaehnes Gelände einen Toten: Unkenntlich. Stark verwest. Männlich. Auf die Meldung entgegnet der Gutsherr: »Laß den Körper ruhig liegen, vielleicht fressen ihn die Wildschweine.« Die hatten ihn aus dem Boden gewühlt.

Ermittlungen werden eingeleitet, Laases Eltern an den Fundort geführt. »Immer wieder sagte mir Herr von Kaehne auf dem Wege dorthin, daß es bestimmt Selbstmord sei. Ich sagte darauf: ›Mein Sohn hat keinen Selbstmord begangen. Der war so lebenslustig. Bestimmt liegt ein Verbrechen vor.‹ Da fing von Kaehne an zu schreien – ganz puterrot lief er an – ich sei ein Lügner und ich hätte ihm auch schon Holz gestohlen!« Neben der Leiche liegt ein Revolver. Die Schußwaffe ist Vater Laases Eigentum. Mit dem Revolver wurde nicht geschossen. Er ist gesichert. Einen Selbstmord Otto Laases schließen die Indizien aus. Spuren deuten darauf hin, daß der Tote unter die Tannen geschleift wurde. Die Polizei sucht einen Mörder. Verdächtig einzig: Karl von Kaehne sen.

Der Vorgang wird vorschriftsmäßig zum Amtsbezirk Werder gemeldet. Reaktionen der Behörde: keine. »Verwunderlich blieb der mangelnde Arbeitseifer, mit dem das Amtsgericht Werder sich dieser Mordsache annahm. Vor der Besichtigung des Tatortes durch den zuständigen Amtsgerichtsrat Eichelkraut vom 1. bis zum 15. August geschah überhaupt nichts. Die erste Meldung von dem Leichenfund erhielt die zuständige Potsdamer Staatsanwaltschaft erst zwanzig Tage nach Auffindung der Leiche.« Kurz darauf werden die Ermittlungen eingestellt.

Es hagelt Proteste. Der Schriftsteller Hans Hyan ist überzeugt, daß hier ein Verbrecher nicht überführt werden soll. »Als im nächsten Frühjahr auf mein Betreiben die so arg vernachlässigte Angelegenheit wieder aufgenommen wurde, umfaßten die in der Mordsache Laase entstandenen ›Akten‹ noch nicht einen vollen Foliobogen. Ich war inzwischen zu dem preußischen Justizminister gegangen und hatte ihm den Fall in einem ausführlichen Promemoria klargelegt, worauf der Minister die Neuaufnahme des Verfahrens anordnete. Auch danach waren die geheimen Widerstände noch sehr stark. Man legte in Potsdam offenbar keinen Wert darauf, einen der Herren Von und Zu unter Anschuldigung des Mordes vor den Geschworenen zu sehen. Wieder vergingen Monate, ohne daß etwas geschah! Am 2. Februar 1923 mußte ich in der *Berliner Volkszeitung* schreiben: ›Ich wende mich noch einmal an die Höchste Anklagebehörde mit dem dringenden Ersuchen, nunmehr aus ihrer Reserve herauszutreten und das Hauptverfahren wegen Mordes gegen Karl von Kähne zu eröffnen.‹« Am 2. Oktober 1923 mußte sich Rittergutsbesitzer Karl von Kaehne sen. vorm Potsdamer Schwurgericht verantworten. Zweieinhalb Jahre nach der Tat und keinen Monat nach dem Prozess gegen seinen Sohn. »Um Störungsmöglichkeiten vorzubeugen«, wird der Zugang der Öffentlichkeit beschränkt. Der Angeklagte bleibt bei seinen Aussagen: »Anfänglich habe ich den Toten für einen alten Mann gehalten, da er keine Zähne mehr hatte. Ich hatte den Eindruck, daß der Mann in das Dickicht hineingekrochen war, um sich dort das Leben zu nehmen.« Die Polizei hat eine andere Theorie: »Es gibt folgende Möglichkeit: Der junge Laase hat den seinem Vater gehörenden Revolver mitgenommen; vielleicht, um Enten zu schießen. Dabei erwischte ihn Kaehne. Er nahm ihm den Revolver weg. Dann schoß er auf ihn und schlug dem Aufschreienden die Faust auf den Mund. Als der junge Laase zusammenbrach, warf Kähne die nicht benutzte Waffe, die er dem Jungen weggenommen hatte, auf den Boden und machte sich aus dem Staube, während der junge Laase an den erlittenen Verletzungen verstarb.« Das Gericht ist von Kaehnes Schuld nicht überzeugt. Auch nicht, als sich ein Zeuge meldet und Folgendes aussagt: »Am 2. Mai habe ich in der Nähe von Petzow am Seeufer Pilze gesucht. Da ist ein junger Mann vorübergekommen, der sich auf Petzower Gebiet bewegte. Ich habe ihn gewarnt, sich von Kaehne nicht erwischen zu lassen. Während sich der junge Mann – ohne auf diese Warnung zu hören – entfernte, habe ich dann weiter Pilze gesucht. Plötzlich kam Kaehne hoch zu Ross angesprengt. Er ritt an mir vorüber, und zwar in die Richtung, die der junge Mann eingeschlagen hatte. Der bemerkte Kaehne hinter sich und flüchtete. Darauf fielen ganz kurz hintereinander zwei Schüsse. Der junge Mann rannte noch einige Schritt weit, dann stürzte er zu Boden, raffte sich wieder auf und schleppte sich weiter. Daraufhin sei auch er aus Angst, ihm könne Ähnliches passieren, weggelaufen.« Zeuge Bellien ist vorbestraft, seine Glaubwürdigkeit erschüttert, doch Bellien bleibt dabei: Kaehne hat vom Pferde aus auf einen fliehenden jungen Menschen geschossen.

Der Staatsanwalt fordert, daß »schließlich und endlich in einem geordneten Staatswesen ein Menschenleben doch mehr wert sein müsse als eine zertretene Wiese«, schwächt aber seine Mordanklage auf Totschlag unter milderen Umständen ab. Darauf Kaehnes Anwalt: »Das ist eine Konzession an die Straße! Die Straße aber gehört nicht in die Hallen des Gerichts, wo nichts als Recht gesprochen werden soll.« Der Angeklagte beendet sein »Letztes Wort« mit der Feststellung: »Ich werde mir das Recht, mein Eigentum mit der Waffe zu verteidigen von keinem Staatsanwalt nehmen lassen!« Am 6. Oktober 1923, 15 Uhr, verkündet der Obmann der Geschworenen den Wahrspruch: Sämtliche Schuldfragen wurden verneint. Karl von Kaehne sen. wird freigesprochen. Ende des Verfahrens.

Das Urteil verbreitet sich in Potsdam wie ein Lauffeuer. Hunderte stehen vor der Ausspannung, in der von Kaehne seinen Wagen, seine Pferde untergestellt hatte. »Nieder mit dem Bluthund!« wird geschrien, »Nieder mit dem Mörder!« Die Polizei verhindert Lynchjustiz. Die Glindower Bevölkerung ruft auf zur »Protestversammlung gegen die Raubritter und Menschenjäger von Petzow«. In nächsten Tagen sind die Zeitungsblätter voll vom Thema Gutsbesitzer, Waffen, Mord.

Nicht lang. Denn die von Kaehnes verklagen die verantwortlichen Redakteure wegen Beleidigung. Das Amtsgericht Werder verhandelt diese Anzeige sehr schnell, verantwortlich eben jener Amtsgerichtsrat Eichelkraut, der die Ermittlungen im Mordfall Laase in die Einstellung treiben wollte. »Die Journalisten beriefen sich auf die Wahrnehmung berechtigter Interessen, in deren Rahmen kraft gesetzlicher Bestimmungen eine an sich beleidigende Äußerung nicht strafbar sei. Die Schießereien der von Kaehnes stellen eine Gefahr für die öffentliche Sicherheit dar; deshalb wäre die Presse im Interesse der Bevölkerung, insbesondere im Interesse der Berliner Ausflügler, berechtigt und verpflichtet, die öffentliche Aufmerksamkeit auf diese Zustände zu richten.« Amtsgerichtsrat Eichelkraut sah's anders: »Der Presse kommt schlechthin ein derartiges Recht nicht zu. Die Zeitungen sind geschäftliche Unternehmungen, die sich nach dem Geschmack ihres Publikums richten und lediglich den Zweck haben, Geld zu verdienen.« Punktum. Ein jeder der Redakteure wurde zu einer Geldstrafe in Höhe von 500 Goldmark verurteilt. »Man kann sich eines gewissen Schrecks nicht erwehren, daß über die Rechte der Presse Leute urteilen, die über das Wesen und die Aufgaben der Presse vollkommen uninformiert sind und anscheinend keinerlei Vorstellung von den öffentlichen Aufgaben und der öffentlichen Funktion haben, die die Presse im modernen Staat zu erfüllen hat«, gab sich das *Berliner Tageblatt* geschlagen.

Neuer Aufruhr am 3. November 1926. Der Obstzüchter Heinrich Pietsch arbeitete auf einer von Kaehne verpachteten Parzelle, gegenüber dem Gutswald an einem kaum befahrenen Waldweg. Der ehemals dichte Waldbestand war etwa fünf Jahre früher abgeholzt worden. Auf diesem Gartengelände, die in unmittelbarer Nähe der Stelle lag, an der man die Leiche des jungen Otto Laase gefunden hatte, entdeckte der Obstzüchter Pietsch beim Umgraben in ungefähr dreißig Zentimeter Tiefe menschliche Knochenreste. Vorsichtig hob Pietsch die Erdmassen ab und fand zu seinem Entsetzen drei vollständige, gut erhaltene menschliche Skelette. Eins davon war das eines Kindes, das zusammen mit den beiden anderen bereits längere Zeit – man nahm später zehn bis dreißig Jahre an – dort gelegen haben mußte. Zweifelsfrei ergaben die Untersuchungen: Diese drei Personen waren einem Verbrechen zum Opfer gefallen.

Weder über Identitäten noch die Ermittlungen sind Aufzeichnungen zu erhalten. Die Kaehnes wurden mit der Angelegenheit nicht behelligt.

Ansonsten schlägt im Petzower Forst die militärisch-preußische Tradition weiter zu. »Am 23. Januar machte die Kindergruppe des Arbeitersportvereins Fichte einen Ausflug nach dem Jugendheim Mittelbusch, das auf dem Gelände derer von Kaehne gelegen ist. Beim Spiel hatten sich einige der Kinder verirrt, die dann von dem 16 Jahre alten Jugendlichen Valentin Jahnke und einem ebenso alten Mädchen gesucht wurden. Sie stießen auf Kaehne, der sie barsch anfuhr: ›Marsch! Marsch! Raus aus meinem Revier!‹ Schließlich packte er den Jugendlichen, schüttelte ihn hin und her, versetzte ihm mit einem Stock mehrere Schläge auf die Waden und einen hinter das Ohr. Als der Jugendliche zusammenbrach, schleifte er ihn an den Haaren etwa einen Meter an der Erde entlang. Als der Jugendliche sich diese Behandlung verbat, schrie Kähne ihn an: ›Sei froh, daß ich dich nicht über den Haufen schieße!‹« Vielleicht suchten Junge und Mädchen nur Liebe und Einsamkeit. Aber von Kaehne waren alle »Naturfreunde« Feinde. Und nicht nur diese. Am Nachmittag des Prozeßtages im Falle des Jahnke wurde in anderem Falle weiterverhandelt. Auch das Gericht handelte in Tradition: Mildernde Umstände. Geldbuße. Ab dafür nach Hause. Auch die Berufungsinstanzen geben den Karl von Kaehnes Recht.

Die Feindschaft der Bevölkerung nimmt zu. »Arbeiter, Büdner! Sonntag, den 30. Januar 1927, nachm. 2 Uhr findet im Lokal Ulbrich, Neue Scheune eine Volksversammlung statt. Thema: 1. Schutz vor Kähne. 2. Was für eine Regierung braucht das arbeitende Volk?« Es warb die Kommunistische Partei. Sie hatte Zulauf. In Petzow vorm Gutshaus kommt es zu Demonstrationen. Die Fronten bleiben verhärtet. Diskussionen sind unmöglich. Nach dem Machtantritt der NSDAP herrscht Schweigen in Petzow. Junior hatte alle Sympathien fürs neue Regime. Nach dem Tod des Vaters, im Jahre 1936, gewann er seinen Erbschaftsstreit. Karl IV. von Kaehne wurde rechtmäßig Besitzer des Gutes. Und doch ermittelt die Gestapo.

Am 10. Mai 1943 teilte der Schutzpolizist des Postens Petzow mit, »daß in seinem Büro der Dr. Mehlhemmer sei, der in dem umfriedeten Schloßpark am ›Haussee‹ des Gutes Karl von Kaehne in Petzow beim Kräutersuchen ein verdächtiges Versteck gefunden habe [...] in dem sich Einbruchswerkszeuge, Lebensmittel usw. befanden«. Das ist verdächtig. Illegale, Juden, viele waren auf der Flucht. »Ich persönlich stellte heraus, daß es sich mit aller Wahrscheinlichkeit um ein Versteck eines flüchtigen Kriegsgefangenen bzw. um ein Versteck des flüchtigen und unter Polizeiaufsicht stehenden Arbeiters Krause aus Werder/H. handeln könnte. Ich gab hierauf den Auftrag bekannt, der dahin ging, ein Entweichen des Flüchtlings zu verhindern und Durchführung der Festnahme. Der Lage entsprechend entschloß ich mich, das Versteck nach 3 Seiten abzusperren. Um 22.18 Uhr, und zwar nach Uhrenvergleich begann der Abmarsch. Von der Ausgangsstellung begann der Einsatz 22.30 Uhr.«

Karl von Kaehne ist trotz Vorstrafen und Leumund Gruppenführer der Stadtwacht. Auf seinem Boden hat Dr. Mehlhemmer das Lager entdeckt. Von Kaehne tut beim Einsatz mit. Keine Frage. Dr. Mehlhemmer sollte den Schutzpolizisten und von Kaehne den Weg zum Versteck zeigen. Die letzten Meter ging Mehlhemmer allein. Ein vereinbartes Zeichen der Rückkehr war »Pst«. »Es vergingen etwa 20 Minuten, als wider Erwarten hinter dem Rücken des Schutzpolizisten Schreiner, und zwar aus dem Waldstreifen eine Person herauskam, die Schreiner sofort einige (4 mal) mit dem Anruf ›Halt! Stehen bleiben!‹ aufforderte. Nachdem der Betreffende trotz der deutlich lauten Anrufe nicht stehen blieb und sich in keiner Weise trotz Vereinbarung zu erkennen gab, machte Schreiner zunächst von seiner Schrotflinte Gebrauch. Er gab zuerst einen Schuß ab. Als der Betreffende links an ihm vorbeilief, gab Schreiner den zweiten Schuß aus der Schrotflinte ab. Kurz darauf jagte Schreiner, als der Betreffende immer noch weiterlief, einige Schüsse aus seiner Pistole heraus. Schreiner rief mir gleichzeitig zu: ›Ltn. Er kommt auf Sie zu, aufpassen! Schieß doch! Nicht feige sein!‹ Ich ging sofort in Anschlag, konnte aber in der Entfernung von 20 m keine Person erblicken, obwohl um 22.45 Uhr die Sicht noch einigermaßen war. Der Gruppenführer der Stadtwacht

v. Kaehne, der durch Sumpf und Morast watend dem Schreiner zu Hilfe eilen wollte, sah die Person auf sich zukommen. Angeblich wurde er von ihr an der Brust gefaßt. Sofort gab v. Kaehne aus seiner schußbereiten Waffe (Pistole) einige Schüsse ab, worauf die Person durch Kopf und Hals getroffen, zusammensank. Beim Anleuchten mittels Taschenlampe [...] wurde festgestellt, daß es sich um Dr. Mehlhemmer handelt, der den geschilderten Begleitumständen nach einem tragischen Unfall zum Opfer fiel [...] Dr. Mehlhemmer brauchte nur von dem vereinbarten ›Pst‹ Gebrauch zu machen oder seinen Namen zu nennen, so wäre das Schießen unzweifelhaft unterblieben, denn Schreiner und v. Kaehne sind Weltkriegsteilnehmer, die weder aus Erregung noch Furcht geschossen haben.« Der Einsatzleiter ist sich sicher, »daß Dr. Mehlhemmer bei dem ersten Anruf durch Schreiner die Geistesgegenwart verloren haben mußte und in der übergroßen Erregung die lauten Haltrufe überhört haben kann.«

Fragen der Gestapo halten sich in Grenzen oder werden gar nicht gestellt. Zum einen sind Parteigenossen am Vorfall beteiligt. Zum anderen saß Dr. Alfred Mehlhemmer über ein Jahr im KZ Sachsenhausen, er stand dem kommunistischen Widerstand nah. Bewiesen wurde seine Beteiligung weder von den Nazis noch später im sozialistischen Regime. Mehlhemmer hat im KZ gesessen, das genügte. Mehlhemmers Frau hat um seine Freilassung gekämpft und gewonnen. Sie arbeitete in der Verwaltung der UFA und hat Beziehungen (wie kolportiert wird) bis hin zu Goebbels spielen lassen. Der faschistische Staat entschädigte die Witwe nach dem Diensttod ihres Gatten mit 50 Pfennig pro Tag für getane Arbeit im Lager.

Karl von Kaehne erwarten auch in diesem Falle vorerst keine Strafen. Möglich wäre es durchaus, daß kein Flüchtling das geheime Lager im Schloßpark anlegte, sondern der Herr Gutsbesitzer höchstpersönlich. Um unrechtes Tun zu verbergen. Um Abgaben und Sanktionen zu entgehen. Um Eigentum vor jedem Zugriff zu sichern. Die Akten haben darauf keine Antwort. Die Strafverfolgung wurde ausgesetzt. Ein Prozeß wird angestrengt. Erwartbar: Das Gericht sprach von Kaehne frei.

Am 5. Mai 1945 zog die Rote Armee in Petzow ein. Das Gut Karl von Kaehnes wird im Sinne der Bodenreform enteignet und das Land Neubauern zugewiesen. Der *Volkswille* meldet am 10. Februar des Jahres 1946 unter der Überschrift: »Schießkaehne wird nicht mehr schießen!«: »Vater und Großvater waren schon als Schießhelden bekannt. Ob es Wanderer waren, die von Glindow Werder her etwa das Geburtshaus C. Fr. Zelters besuchen, Wassersportler, die an den herrlichen Ufern des Schwielowsees lagern wollten – keiner war vor den Kugeln der Junker von Kaehne auf Schloß Petzow sicher. Allein der letzte Sprössling dieser ehrenwerten Sippe ist siebzehn Mal, darunter mehrfach wegen schwerer Körperverletzung vorbestraft – ungerechnet die zahllosen Fälle, bei denen er dem Gericht durch die Maschen ging.

Kaehne ist jetzt wegen Mordverdachts verhaftet worden. In Ferch in unmittelbarer Nähe des Kaehnschen Gutes lebte 1943 ein aufrechter Antifaschist, Dr. Alfred Mehlhemmer, eben aus dem Konzentrationslager Sachsenhausen entlassen, wo er ein Jahr festgehalten wurde. Er hatte beim Angeln ein Hamsterlager entdeckt, das dem Kaehne gehörte. Kaehne mußte Rache nehmen: er lud den Dr. Mehlhemmer heimtückisch ein, an einer Razzia teilzunehmen, die er mit fünf Polizisten veranstaltete. Am nächsten Morgen wurde Mehlhemmer, von zahlreichen Schrotladungen und über zwanzig Pistolenschüssen getroffen, im Walde bei Ferch aufgefunden. Das Gut Kaehne wurde bereits im Zuge der Bodenreform enteignet. Einen Teil hat die Witwe Dr. Mehlhemmers erhalten – eine gewiß nur geringe Entschädigung für das schwere Leid, das ihr der Junker zufügte. Kaehne ist verhaftet – und die Einwohner von Petzow und allen umliegenden Dörfern werden aufatmen, wenn den Letzten des Geschlechts die verdiente Strafe erreicht hat. Von dem ersten Kaehne, einem bürgerlichen Streber, der vor hundert Jahren die Dynastie begründete, hat Theodor Fontane in den Wanderungen erzählt. Der Chronist von heute wird, so ist im Namen der Gerechtigkeit zu hoffen, abschließend berichten: der letzte Kaehne endete am Galgen – als Sühne für den Mord an einem aufrechten Manne, der ein Kämpfer gegen die Gesinnung war, die die Kaehnes und die ihresgleichen vertraten.« Auch für die neuen Machthaber liegen die Fakten klar. Karl IV. von Kaehne wird ins Internierungslager der Roten Armee, dem ehemaligen KZ, nach Sachsenhausen gebracht. Dort verliert sich seine Spur.

Neubäuerin Mehlhemmer war von Anbeginn ihrer Landnahme in Petzow ungelitten. Keine Ahnung hatte sie von Akker- und Obstanbau. Mit Grund und Boden war sie von den neuen Herrschern entschädigt worden. Anwohner fühlten sich übergangen und ungerecht behandelt. Die Witwe verpachtete das ihr zugewiesene Land und betrieb eine Pension. In der waren nicht die systemtreuen neuen Machthaber zu Gast, sondern oft alte Bekannte aus Westberlin. Und da gab es die Gerüchte um Frau Mehlhemmers Beziehungen zum faschistischen Propagandaminister ... Der sozialistische Boden wird der Witwe zu heiß. Sie verläßt ihn 1954 in westlicher Richtung.

Nazi-Rechercheur Julius Mader entdeckte den Fall in den 1980ern neu und bemerkte: »Der von Peter Joseph Lenné angelegte, immer sehenswerte Schloßpark wird bis 1989, zu Ehren des 200. Geburtstages seines Schöpfers, rekonstruiert. Zuvor aber sollte vielleicht der Rat des Bezirkes Potsdam schon darangehen, an würdiger Stelle einen passenden Gedenkstein zu platzieren, der die Inschrift tragen könnte: ›Hier ermordete der Großgrundbesitzer Karl von Kaehne im Kriegsjahr 1943 den Antifaschisten Dr. Alfred Mehlhemmer‹.«

Der Park wurde rekonstruiert übergeben. Der antifaschistische Gedenkstein wurde aufgestellt. Seit der Wende hat mehrmals der Eigentümer des Schlosses gewechselt.

Quellen

Akten des Brandenburgischen Landeshauptarchivs, Potsdam
Friedrich Karl Kaul: *Die schießwütigen Grundbesitzer*. Berlin 1966.
Julius Mader: *Mord im Petzower Schloßpark*. Weltbühne, o.J.
Gebhard Falk: *Dr. Alfred Mehlhemmer*. O.O., o.J.

Hasenmaul

»Ich gehe in die alten Eichen von Rackelsdorf und nehme Bolko mit. In etwa drei Stunden bin ich zurück. Jetzt scheint so schön die Sonne. Ich will mal zu meiner Steinpilzstelle«, sagt Inge Michelstedt und verabschiedet sich von ihren Eltern. Es ist Samstag, der 17. September 1938. Die Brunft der Hirsche hat gerade begonnen. Die 17Jährige kehrt nicht zurück. Nach Stunden findet sie der Vater: Verletzt, kaum bei Bewußtsein. Mit einem Seil wurde Inge Michelstedt zu Boden gerissen. Eine Vergewaltigung wurde versucht. Bolko, der Hannoversche Schweißhund, hat den Täter in die Flucht gezwungen. Mit einem Messer hat er auf das Tier eingestochen. In einer Schlinge findet man schwer verletzt Bolko. Das Seil der Tat wurde auf Michelstedts Forsthof gestohlen. Einen Soldaten im Schwarz der stationierten Panzerbrigaden hat man gesehen. Ein Fetzen Stoff bestätigt diese Vermutung. Blutspuren werden verfolgt. Fingerabdrücke stellt die Polizei sicher und Schlingen. Mehr als zwanzig liegen im Wald aus. In einigen entdeckt man verendetes Wild.

Charakteristisch für den Wildschütz »ist schließlich auch ein spezieller Ehrenkodex. In den mit alten Wilderern geführten Gesprächen beriefen sich diese stets auf Regeln eines solchen Kodex, denn der ›echte‹ Wildschütz will mit dem bloßen ›Raubschützen‹ nichts zu tun haben. Als ›Raubschütz‹ wird jemand gesehen, der nicht waidmännisch jagt, der ›alles‹ schießt, also nicht davor zurückscheut, die Muttergeiß vom Kitz wegzuschießen, der Schlingen legt oder Fallen stellt, wodurch das Tier fürchterlichen Qualen ausgesetzt wird, und der sogar vor einem hinterlistigen Mord an einem Jäger nicht zurückschreckt.« Die volle Verachtung des Wildschützen trifft diese Verbrecher.

Der Täter von Rackelsdorf ist ein »Raubschütz«. Ein »echter Wildschütz« keineswegs. In den folgenden Jahren hinterläßt dieser Täter stets wieder seine Spuren. Brutal und mitleidlos Tier und Menschen gegenüber. Seine Opferliste verzeichnet nach sechs Jahren 19 Tote. Die Überlieferungen widersprechen sich. Die Kriegszeit tat ein Übriges bei der Bewahrung der Fakten. Die Jagd auf den »Raubschütz« endet 1944. Noch vor der Hinrichtung wird er beim Fluchtversuch erschossen. Name: Stefan Kleiczig.

Die Identität des Gewalttäters im Fall Inge Michelstedt ist 1938 schnell geklärt. Die Fingerabdrücke sind mit denen des fahnenflüchtigen Panzersoldaten Stefan Kleiczig identisch. Die Auskünfte der Wehrmacht ergeben, daß Kleiczig 34 Jahre alt ist und als Freiwilliger für eine längere Dienstzeit vor Jahresfrist in die Panzertruppe eingetreten ist. »Er stammt aus der Gegend von Zawadzki in Oberschlesien, wo er auf einer Wassermühle als Treckerfahrer gearbeitet hat. Kleiczig ist 1,78 Meter groß und breit, beinahe athletisch gebaut und wegen seiner Körperkräfte bekannt und oft auch gefürchtet. Im Allgemeinen gilt er als gutmütig. Nur wenn er getrunken hat, beginnt er gern zu randalieren und protzt seinen Kameraden gegenüber damit, wie gerissen er in seiner Jugend Forellen gefangen und Hasen und Rehe gewildert habe. Dabei sei er oft in brenzlige Lagen geraten und habe Zusammenstöße mit Förstern gehabt. Jedes Mal habe er mit erhobener Stimme erklärt: ›Aber fassen lasse ich mich nicht von den Brüdern!‹ [...] Ein auffälliges Kennzeichen bildet seine Mundform. Seine Oberlippe ist auffällig lang ausgebildet, sodass es aussieht, als ob sie über die Unterlippe etwas herabhängt. Das hat ihm bei seinen Kameraden den Spitznamen ›Hasenmaul‹ eingetragen. Dieses Merkmal wird bei der polizeilichen und militärischen Fahndung nach ihm besonders dringlich erwähnt.« Nach dem Verbrechen an Inge Michelstedt ist Stefan Kleiczig verschwunden, taucht im Regiment nicht mehr auf. Trotz des tiefen Bisses von Bolko, dem Hannoverschen Schweißhund. Er kennt sich aus in der Gegend. Im schlesischen Grenzgebiet leben Polen, sie sind auf die Deutschen ungut zu sprechen. Stefan Kleiczig setzt sich ins Nachbarland ab.

Gut ein halbes Jahr kommt Kleiczig bei einem Bauern unter. Nach schwerem Fieber und langsamer Genesung unterstützt er den Hof. Er dezimierte den Rehbestand der Gegend um Niepart. Der Bauer veräußert die Beute und ißt. Im April 1939 wechselt Kleiczig wieder nach Deutschland, nächtigt in Scheunen und auf freiem Gelände und beschließt, sich Schußgerät zu besorgen. Der Senior des Breslauer Unternehmens Heinberg hat eine Jagdhütte in der wildreichen Gegend von Tscheschenheide. Als der Pächter auf dem Hochsitz weilt, tut sich Kleiczig in der Hütte gütlich. Essen und Trinken, einen Drilling entdeckt er, keine Handfeuerwaffe, die er gern hätte. So erwartet Kleiczig Heinberg, erschießt ihn und dessen Hund, verbringt die menschliche Leiche ins Haus und vernagelt die Tür. Am nächsten Vormittag findet Heinbergs Jagdaufseher den Toten. Rucksack, Messer, eine Pistole, der Drilling, ein Fahrrad werden vermißt. Heinbergs Fernglas liegt nah im Unterholz, der Schuß hatte die Gläser zertrümmert. Als Täter steht Stefan Kleiczig schnell fest. Allein: Er hat deutsches Gebiet wieder in polnischer Richtung verlassen.

Kleiczigs Freund Urban Radczinski arbeitet als Fischer auf dem Hege- und Herrensee bei Woszakowice (Luschwitz). Radczinskis Wirtin gibt auch dem Flüchtenden Unterkunft, zumal ihre Mieter sie mit Fleisch versorgen. Als Kühlschrank und Depot dient der Ziehbrunnen. Hehler Walerian verkauft und nennt die Adressen von Interessenten. Als er versucht, den Lieferanten zu hintergehen, erfährt Walerian Kleiczigs Gewalt. Offiziell ist Kleiczig Radczinskis Gehilfe, der den Fischer bei seiner Arbeit »gegen ganz geringes Entgelt« unterstützt. Über ihr Engagement kann der Arbeitgeber nicht klagen. Die Fangquote stimmt und damit der Profit. Die Tätigkeit bietet auch für den Abtransport revidierten Wildes hervorragend Tarnung, wer vermutet dieses bei Fischern im Boot. Kleiczig und Kumpel verdienen reichlich für Schnaps, Tabak und anderes Vergnügen. Mit dem diensttuenden Revierförster pflegen sie freundlichen Umgang. Diesem fällt erst nach Monaten ein Achterhirsch auf, der im Geweih Draht trägt. Der Abschuß beweist: Im Revier wird gewildert. In größerem Maßstab: Förster Plotnicki und Waldgehilfe Klanski finden zig Schlingen. Kleiczig und Radczinski stehen außer Verdacht, bis sie am 23. August von Plotnicki und Klanski auf frischer Tat gestellt werden. Radczinskis Schuß tötet den 70jährigen Waldarbeiter. Plotnicki erschießt Radczinski. Kleiczigs Schüsse treffen den Förster. Erst am nächsten Morgen werden die drei Leichen gefunden. Zum Zeitpunkt ist Stefan Kleiczig bereits gen Osten unterwegs. Die Fahndung nach ihm bleibt erfolglos.

Am 1. September 1939 meldet das Oberkommando der Wehrmacht: »Auf Befehl des Führers und Reichskanzlers hat die Wehrmacht den aktiven Schutz des Reiches übernommen. In Erfüllung ihres Auftrages, der polnischen Gewalt Einheit zu gebieten, sind Truppen des deutschen Heeres Freitag früh über alle deutsch-polnischen Grenzen zum Gegenangriff angetreten. Gleichzeitig sind Geschwader der Luftwaffe zum Niederkämpfen militärischer Ziele in Polen gestartet. Die Kriegsmarine hat den Schutz der Ostsee übernommen.«

Kleiczigs Ziel sind die Urwälder von Bialystok im Nordosten Polens. Eineinhalbtausend Kilometer legt er zurück. Auf dem Fahrrad. Zu Fuß. Unterkunft findet er in einsamen Scheunen. Als Tagelöhner verdient er Lebensunterhalt. Zur besseren Orientierung nimmt er sich die Eisenbahnkarte im Bahnhof von Plock, diesbezügliche Fragen beantwortet er: »Das hat das Militär aus Spionagegründen angeordnet.« Auf einem Einödwesen zwischen Sokolow und Dobriczyn am Bug findet er Aufnahme bei der jungen Kriegerwitwe Maria Lewandowska, 22. Ein Panjepferd besitzt sie, Gänse und Puten. Kleiczig und die Bäuerin verstehen einander auch sexuell. Kleiczig nimmt seine Wilderertätigkeit wieder auf. Zuerst auf dem Gut des Grafen von Radziwill, den die Deutschen in Gewahrsam nahmen. Mit Papiertüten, selbst gekochtem Leim und Mais als Köder dezimiert er den Bestand von Radziwills Fasanerie. Mit seinem Drilling schießt Kleiczig Hasen, Rehe, Sauen. Das bringt Geld ein. Relativ problemlos: Deutsche Förster sind in den besetzten Gebieten selten. Doch »der 52jährige Revierförster Gerhard Klinger ist durch das Reichsforstamt in Berlin von der hessischen Forstverwaltung mit dem Auftrage angefordert worden, sich Ende Oktober 1939 in Ortelsburg in Ostpreußen mit dem preußischen Forstmeister Gabriel zu treffen. Sie erhalten vom Landforstmeister in Gumbinnen die Anordnung, sich nach Sokolow zu begeben und dort die Waldungen und das vorhandene eingeschlagene Holz zu erfassen. Sie sollen Vorbereitungen zur Einrichtung einer deutschen Forstverwaltung ausführen und vorhandene polnische Forstbeamte einsetzen.« Kleiczig handelt vorsichtig, schießt in der Dämmerung, nachts. Den Beamten begegnet er nicht.

Aufruf Görings am 14. März 1940: »Nach allen ihren Fehlschlägen hoffen die Feinde jetzt, daß uns einzelne kriegswichtige Metalle ausgehen werden, die, wie sie annehmen, in Deutschland nicht in ausreichender Menge gewonnen werden können. Wir werden ihnen darauf die rechte Antwort erteilen und uns vorsorglich eine jederzeit verfügbare Reserve an diesen Metallen schaffen […] Ich rufe euch deshalb heute auf zu einer großen Sammelaktion. Wir wollen der Reichsverteidigung alle entbehrlichen Gegenstände aus Kupfer, Bronze, Messing, Zinn, Blei und Nickel in nationalsozialistischer Opferbereitschaft zur Verfügung stellen.«

18. April 1940: Im Wald bei Sokolow wird Kleiczig angerufen. Gerhard Klinger hat den Wilddieb gestellt. Kleiczig läßt den Drilling fallen. Als Klinger diesen aufhebt, feuert Kleiczig mit der Pistole. Der Förster wird beraubt, dabei stellt Kleiczig fest: Noch lebt Klinger. Wie beim Zerwirken des Wildes öffnet ihm der Wilddieb mit seinem Messer die Halsschlagader. Der Tote wird unter Reisig versteckt. Der Drilling bleibt liegen.

Die Suche nach Gerhard Klinger bleibt erfolglos. Auch die Geliebte Maria Lewandowska kann erst nach Tagen Kleiczigs verändertes Verhalten deuten. Sie ist schwanger. Sie möchte den Trauschein. Sonst … Stefan Kleiczig erwürgt die Kriegerwitwe, packt seinen Rucksack, die 9-mm-Walther, besteigt das Rad Richtung Norden. Nach Tagen brüllt das hungernde Vieh auf dem Hof. Die Ermordete wird gefunden, Ermittlungen eingeleitet, das »Hasenmaul« beschrieben. Der Mörder kann nicht gestellt werden. Der örtliche Hauptmann der Polizei bittet um Unterstützung des Reichsforstamtes in Berlin. Man entsendet einen auf »Wilddieberei« spezialisierten Kommissar.

Das Reichsforstamt kann Wald und Wild kaum schützen. Der Krieg fordert: Männer in den Wehrdienst. Wildschützen haben leichteren Schuß. Die Wirren machen Grenzübertritte, Schmuggel und Verkauf problemloser. Der Staat zeigt Macht: Bei Überführung – Todesstrafe! Der angereiste Kommissar stellt Spuren sicher. Die Leiche Klingers wird gefunden. Der Vergleich stellt Tatsachen fest: Fingerabdrücke und Personenbeschreibungen stimmen überein. Mordfall Plotnicky, Mordfall Heinberg, Mordfälle Lewandowska und Klinger – als Täter steht nur eine Person unter Verdacht: Stefan Kleiczig. Doch dieser ist den Ermittlern entkommen, endgültig ins ausgedehnte Urwaldgebiet von Bialowicza. Die Verfolgung fällt schwer. Zumal sich Kleiczig der Bande des Kasimir Twardowski anschließt. Die Gesellen hausen im Wald und nutzen ein verzweigtes Netz von Hehlern, Abnehmern und Sympathisanten. Kleiczig ordnet sich schnell (wenn auch manches Mal widerwillig) den Regeln unter. Seine Fertigkeiten und Erfahrungen nötigen Hochachtung ab. Die Bandenaufsicht über den neuen Spießgesellen wird rasch lascher. Kleiczig handelt auch eigenmächtig mit Tabak und Alkohol.

Kleiczig besetzt mit drei Kumpanen eine Außenstelle Twardowskis, die »Röhre«. Sie ist ein ausgebauter militärischer Unterstand des Ersten Weltkrieges. Vorgeschoben dem Hauptlager handeln die vier hier meist nach eigenem Gutdünken. Sie sind näher der Zivilisation. Unauffällige Jagd ist zwingend. So ist es ein Affront Kleiczigs, als er auf ein tief fliegendes Flugzeug einen gezielten Schuß abgibt. Kleiczig hat den mitfliegenden Forstmeister tödlich getroffen. Die Beobachtungen der staatlichen Forstaufsicht werden verstärkt. Eine Spur von seinem Haus im Schnee führt in den Wald und zur »Röhre«. In einem Großeinsatz wird das Wildererlager von Polizeikräften gesprengt. Drei Leichen kann man identifizieren. Stefan Kleiczig stellte in dieser Nacht neue Schlingen.

Kasimir Twardowski mißtraut dem einzig Überlebenden. Zu Recht. Nach Monaten hat Kleiczig den Plan und handelt: Er packt Twardowski am Jägerehrgeiz. Einen kapitalen Bock hat er gesichtet, er würde ihm seinem Führer überlassen. Twardowski schlägt ein, nur nicht, daß im Tausch seine Geliebte Jadwiga Selbrotzka in Kleiczigs Bett wechseln soll. 18. Mai 1941: Kleiczig erschießt Kasimir Twardowski. Hinterhältig. Ins Genick. Die Leiche versenkt er im Moor wie dessen Büchse, sie könnte den Mörder verraten. Stefan Kleiczig ruft sich zum neuen Hauptmann der Bande aus. Widerspruch erstickt er mit Gewalt. Und trotzdem: »Weißt du, Kamerad, unser Geschäft wird von Tag zu Tag schwieriger. Wir müssen sehr, sehr vorsichtig sein! Es liegt bestimmt etwas Großes in der Luft, glaube mir. Die deutschen Soldaten werden immer mehr. Am Nordwestrand vom Waldgebiet haben sie Schneisen geschlagen, Feldbahngleise gelegt und fahren mit Lastwagen dauernd Benzinfässer an, die sie dort stapeln. Das sind in den letzten Wochen schon tausende geworden. Zwischen unseren Höfen hier und der Grenze werden dauernd Granaten angefahren und mit Netzen getarnt. Weißt du was? Ich glaube, das geht gegen die Russen!«

Um 3.15 Uhr des 22. Juni 1941 wird das Unternehmen »Barbarossa«, der Angriff auf Russland, unter dem Stichwort »Dortmund« gestartet. Der Wehrmachtsbericht meldet lakonisch: »An der sowjetrussischen Grenze ist es seit den frühen Morgenstunden des heutigen Tages zu Kampfhandlungen gekommen.« Über drei Millionen Soldaten sind in die Kämpfe einbezogen. Der deutsche Angriff trifft die Rote Armee »zum Teil völlig überraschend. Schon am ersten Tage werden 1200 Sowjet-Flugzeuge vernichtet. Das VIII. Armeekorps nimmt die Festung Grodno, bei Brest-Litowsk wird die 4. Sowjet-Armee von der Panzer-Gruppe 2 zerschlagen. Südlich Brest-Litowsk wird die Stadt Kobrin besetzt. Im Südabschnitt nimmt die 101. Leichte Division den sowjetischen Teil der Stadt Przemysl am San.«

Kleiczig zieht von Bialowicz Richtung Norden. Seiner Bewaffnung hat er sich entledigt, sie stört das Bild eines einsamen Wanderers. Nur die Pistole trägt er versteckt im genitalen Bereich. Die Aufmerksamkeit und die Zahl der Gendarmen haben die Kriegshandlungen dezimiert. Kleiczig erregt kein Mißtrauen und überschreitet bei Lomza den Narew. Längeres Quartier erhält Kleiczig in Czarnia. Maria Jakolskas Mann haben die Deutschen geholt und erschossen. Die Bäuerin und Mutter eines siebenjährigen Sohnes freut die unterstützende Hand. Kleiczigs Angebot, Mahlzeiten durch Wildern zu verstärken, lehnt sie vorerst ab. Doch Mangel veranlaßt sie, Kleiczigs Fleisch anzunehmen, mehr noch, als sie sieht, daß dem Sohn sichtbar die reichliche Kost gut bekommt. Deutlich wird der Wildbestand dezimiert. Draht für die Schlingen liefern zerstörte Telefonleitungen in Menge. Und doch hält es Kleiczig nicht vor Ort und nicht bei Maria. Er geht. Wochen danach entdeckt der zuständige Förster erst Kleiczigs Schlingen und in ihnen elf verendete Rehe. Die Fahndung bleibt ohne Erfolg.

Im Münchner »Löwenbräukeller« hält Hitler zum Jahrestag des Putsches von 1923 am 8. November eine Rede, in der er zum Russland-Feldzug erklärt: »Noch niemals ist ein Riesenreich in kürzerer Zeit zertrümmert und niedergeschlagen worden als diesmal die Sowjetunion.« Auch auf die Lage vor Leningrad, das schon lange belagert wird, geht er ein: »Wer von der ostpreußischen Grenze bis zehn Kilometer vor Leningrad gestürmt ist, der kann auch noch die zehn Kilometer vor Leningrad bis in die Stadt hineinmarschieren. Aber das ist nicht notwendig, die Stadt ist umklammert.«

In den Sumpfgebieten von Omulew und Rozoga findet Kleiczig im Herbst '41 neues Revier und neue Freunde. Pjotr Tscherski gibt Wohnstatt und verteilt das Wild an die Kunden im nahen Ostrolenko. Bis zu zehn Tiere gehen täglich in Schlinge und Tod. Im frühen Novembernebel begegnet Kleiczig Förster Georg Stark. Beim ersten Aufeinandertreffen kann Kleiczig entkommen. Beim zweiten hat Stark seinen Drilling im Anschlag. Daß der Wilderer eine Pistole unter der Hose trägt, am Oberschenkel festgeklebt, kann der Forstmann nicht ahnen. Vier Kugeln strecken ihn nieder. Und Kleiczig beginnt seine Opfer zu zeichnen: Drei Kreuze ritzt er seit dem Mord an Twardowski auf ihre Stirn. Kleiczig nimmt Geld, das Prismenglas, den fast neuen Rucksack. Seinen alten wirft er ins Gebüsch und entfernt sich auf Starks in der Nähe stehendem Fahrrad. Der Schwerverletzte kann noch eine Aussage machen, Stunden darauf stirbt Stark. Tscherski und Komplizen werden verhaftet. Vom Mörder fehlt jede Spur.

Solange es die Witterung zuläßt, nimmt Kleiczig im Freien Quartier. Über den Winter geht er in einem Sägewerk nahe Parciaki in Stellung. Im Mai '42 wird er Fischer in der Johannisburger Heide im Süden Ostpreußens. Mit Komplizen Clemenz Czecker, einem Volksdeutschen aus dem Seengebiet des »polnischen Korridors«, nimmt Kleiczig das Wildern im Gebiet des Forstamts Turoscheln wieder auf. Als sein Chef ihn zu den Wilddiebstählen befragt, weiß Kleiczig, daß sich der Kreis enger um ihn zieht. Er verläßt diese Gegend und fährt wieder auf polnischen Boden. In Rybno nimmt er erneut ein Arbeitsverhältnis als Fischer an. Aufmerksamkeit erregt ihm dort ein stattlicher Forstmann. In Franz Lenke erkennt Kleiczig einen seiner frühesten Widersacher. Lenke war es, der dem Jungen Stefan erstmals Schrot in den Körper schoß. Tat und Schmerzen hat Kleiczig niemals vergessen. Er lauert Franz Lenke auf. Ein erster Schuß streckt ihn nieder. Das Messer zerschneidet die Kehle. Der Kolben wird Lenke ins Gesicht geschlagen, bis er zerbricht. Nach viertägiger Suche wird des Försters Leiche gefunden. Lenke hinterläßt Frau und zwei halbwüchsige Kinder. »Hasenmaul« steht als Täter schnell fest. Großfahndung wird ausgelöst. Resultat: keines.

»Nach einem Jahr siegreicher Schlachten im Kampf gegen die Sowjetunion«, am 2. Juli 1942 gibt das Oberkommando der Wehrmacht die deutschen Verluste mit 271.612 Gefallenen und 65.730 Vermißten an: »Die Schwere der Opfer zeigt die Größe der Gefahr, die über Europa schwebt.«

Kleiczig verlagert seinen Tätigkeitsbereich. Mitte September 1942 erreicht er den Wieczno-See westlich der Straße Graudenz/Gollub. Fischer Dubrowski gibt Kleiczig Anstellung. Kollege Wassilinski ist 22 und in die Tochter des Fischers verliebt. An Theresa allerdings hat auch Kleiczig Interesse. Ein Rendezvous der Verliebten stört Kleiczig, schießt Wassilinski nieder und vergeht sich an der 18 Jährigen. Als diese sich der Gewalt widersetzt, schließen sich Kleiczigs Hände um ihren Hals. Vater Dubrowski entdeckt die Bluttaten erst einen Tag später. Seine

Beschreibung von Kleiczig ist zu ungenau, als daß diese zwei Morde auf dessen Konto zu zählen wären. Erst später werden sie dem Täter angelastet.

Hitlers Kommando-Befehl vom 18. Oktober 1942: »Von jetzt ab sind alle bei sogenannten Kommandounternehmungen in Europa oder in Afrika von deutschen Truppen gestellte Gegner, auch wenn es sich äußerlich um Soldaten in Uniform oder Zerstörertrupps mit oder ohne Waffen handelt, im Kampf oder auf der Flucht bis auf den letzten Mann niederzumachen [...] Selbst wenn diese Subjekte bei ihrer Auffindung scheinbar Anstalten machen sollten, sich gefangen zu geben, ist ihnen grundsätzlich jeder Pardon zu verweigern.«

Mitte Oktober gelangt Kleiczig nach Marienwerder. Versuche, die »Wilddieberei« geschäftlich zu betreiben scheitern. Quartier nimmt er in einer Schutzhütte, die einigen Komfort bietet: Feuerstelle, Blechgeschirr, einen Verbandskasten. Der Draht vom Gatter wird Schlinge. Ein Reh verfängt sich. Und doch: Der Revierförster stellt den Wilderer und erkennt den Gesuchten. »Hasenmaul« flieht, wird angeschossen, kann entkommen. Als Rache setzt er den Wald in Brand. Als Förster, Familie, Helfer beim Löschen sind, tötet Kleiczig auf dem Forsthof jegliches Vieh. Sechs Wochen streift Kleiczig nach dieser Tat den Lauf der Weichsel folgend gen Süden. Wieder auf polnischem Gebiet erzählt er dem Arzt, er sei vor den Deutschen geflohen. Hinrichten haben sie ihn polnischen Soldaten wollen wie alle anderen seiner Kameraden. Nur er sei entkommen, ein Schuß aber habe ihm den Oberarm durchschossen. Der Arzt behandelt. Kleiczig zahlt. Ende November findet er Arbeit im Sägewerk Fordon in der Gegend von Bydgoszcz: Lohn, Schlafstatt, Verpflegung.

Frühjahr 1943 – und Stefan Kleiczig hält in den geordneten Verhältnissen nichts. Auf Weichsel und Netze und den sie verbindenden Kanälen herrscht Last- und Güterverkehr. Gerüchten nach zahlen deutsche Abnehmer für Fleisch hohen Preis. Im Reich werden Lebensmittel knapper, teilweise rationiert. Ein lohnendes Geschäft bahnt sich an. Durch Vermittlung gerät Kleiczig an Karl Lackmann, einen Schiffer, der regelmäßig

Tour bis in die Reichshauptstadt fährt. Bei einem Mittelsmann werden die Fleischvorräte gelagert. Doch im Juni erregt Lackmanns Ladung die Aufmerksamkeit des deutschen Zolls am Kontrollpunkt Lukatz-Kreuz: Blut tropft aus Kisten. Illegal sollte Wildbret und vier geschlachtete Schweine verschifft werden. Lackmann gesteht und nennt seinen Kumpan in Filehne. Dieser beschreibt »Hasenmaul«.

»Ich frage euch neuntens: Billigt ihr, wenn nötig, die radikalsten Maßnahmen gegen einen kleinen Kreis von Drückebergern und Schiebern, die mitten im Kriege Frieden spielen und die Not des Volkes zu eigennützigen Zwecken ausnutzen wollen? Seid ihr damit einverstanden, daß, wer sich am Krieg vergeht, den Kopf verliert?« Goebbels in seiner Proklamation des totalen Krieges im Berliner Sportpalast am 18. Februar 1943.

Stefan Kleiczig wildert im Forstrevier Dratzig. Forstwart Bruno Stauber findet im einsamen Wald ein Rad angelehnt an eine Kiefer und in dessen Gepäck zerlegtes Reh. Der Wilderer hat Stauber gesehen und zielt. Kopfschuß. Sofortiger Tod. Kleiczig beraubt den Toten, entkleidet ihn seiner Uniform und versteckt die Leiche. Bruno Stauber »war während der Kriegszeit zunächst als Hausmeister aus dem Rheinland in den Warthegau abkommandiert. Der Forstmeister in Dratzig hatte sich besonders um seine Ausbildung als Rotwildjäger bemüht. Außerdem schickte ihn die Forstbehörde zur Forstschule in Margonin, an der er die Forstwartsprüfung mit Erfolg ablegte. Seine Familie – er hat zwei Kinder – ist vorläufig in der Heimat geblieben.« Die Gattin eines zur Wehrmacht eingezogenen Kollegen hatte Stauber Quartier gegeben. Sie ist es auch, die Meldung erstattet. Aus Berlin trifft der ermittelnde Kommissar ein. Ein Forstschutzkommando mit 30 Mann erreicht Posen und wird auf die Gegend verteilt. Das zu durchsuchende Waldgebiet umfaßt 90.000 Hektar. Alle behördlichen Stellen werden in die Fahndung einbezogen. Die Profile der Stiefel der Fahnder werden alle 14 Tage gewechselt. Kleiczig soll keinen Verdacht fassen können. Dieser aber hat bereits das Revier gewechselt und in Miala Interessierte gefunden. Eine Ivonna Tschelofinka nahm ihn auf. Ihr Mann zur Zwangsarbeit im Deutschen

Reich. 39, zwei Kinder. Abnehmer für Fleisch kennt sie reichlich. Nur heimlich klopft Kleiczig an ihre Fenster. Er weiß um die Offensive der Polizei. Er weiß, daß sie ihm gilt. Kleiczig baut »Bunker«, die ihn verstecken. Ein Pilsudski-Bart verdeckt das »Hasenmaul«. Und doch: Am 25. August 1943 ist eine Streife Kleiczig nah auf den Fersen. Nur durch Schüsse kann der Wildschütz entkommen. Die Fahndungsleitung verlegt sofort ihren Sitz. Die Beschlagung der Stiefel zeitigt Resultate: Der Fußabdruck Kleiczigs wird sichergestellt. Und der Täter verlegt im Gegensatz zu seiner Gewohnheit sein Operationsgebiet nicht. So trifft er am 6. September 1943 erneut auf eine Streife. Diese hat ihn bereits aus der Ferne erkannt, Forstmann Edgar Hirtz war auf Kleiczig bereits im August gestoßen. Die dreiköpfige Streife legt an und schießt ohne vorherige Warnung aus der Nähe auf den Verbrecher. Alle Schüsse gehen fehl.

Am 6. Oktober findet in Posen eine Tagung der Gauleiter, Reichsleiter und Verbändeführer der NSDAP statt. Reichsminister Speer »fordert hierbei die Einschränkung der Herstellung von Gebrauchsgütern für die Wehrmacht und kritisiert, daß zur Zeit noch 512.000 Paar Reitstiefel, 312.000 Paar Offiziersstiefel, 360.000 Diensttaschen für Nachrichtenhelferinnen usw. gefertigt würden. Aus der jährlichen Flaschenproduktion von 730 Millionen Stück gingen 440 Millionen Flaschen allein an die Wehrmacht und die Marine verlange plötzlich 50.000 Offiziersdolche.«

Kleiczig verläßt die Wartheländer Heide. Als Förster, in Staubers Uniform getarnt, begibt er sich unter die Bevölkerung. Er entdeckt den Trick der wechselnden Stiefelprofile und paßt sich diesen an. Forstmann Kerner begegnet am 18. September dem unbekannten »Kollegen« ohne Argwohn und mit Interesse. Kleiczig schießt. Kerner hinterlässt Frau und vier Kinder. Der Mörder flüchtet sofort, beraubt den Toten nicht. Er unterläßt es, weil er die Streife der Kommandojäger in nächster Nähe weiß. Entdeckung wäre unvermeidlich gewesen. Die polizeilichen Fahndungsmaßnahmen werden verstärkt. Erfolglos. Stefan Kleiczig ist in seinen »Bunkern« sicher. Die Größe des Gebiets verhindert eine quadratmetergenaue Suche. Und wieder wechselt Kleiczig und wieder ist er im Forstrevier Dratzig. Am 11. Oktober trifft er dort auf den ansässigen Schuster Kalschitzki; da er diesen des Verrats an die Behörden verdächtigt, zerschießt ihm Kleiczig als Rache die Beine: »Da hast du deine blutigen Zloty für deine Angeberei! Danke deinem Gott, daß ich dich nicht ganz totschieße. Beim nächsten Mal ist es aus mit dir! Sei dir gewiß!« Kleiczig hat Wildbret im Rucksack, als er ans Fenster der Kate klopft. Ivonna Tschelofinka nimmt den Mörder liebend auf. Kleiczig verspricht ihr und Sohn Marek satte Wintermonate.

Solange die Fröste nicht herrschen, nächtigt der gesuchte Mörder in der Natur. Die Polizei narrt er weiter. Dem Kommissar persönlich stellt er Fallen, sendet Botschaften an die Ermittler. Längst hat Stefan Kleiczig seinen Verfolgern und den Grünröcken den Krieg erklärt. Und bislang wich er ihnen trickreich aus, nutzte Landesgrenzen und Revierbefugnisse geschickt. Auch der Unterstützung der Bevölkerung war er meist sicher. Deutsche waren Besatzungsmacht oder wurden als solche empfunden. Krieg und Partisanenkampf wüteten. Geregeltes Leben war unmöglich. Stefan Kleiczig konnte handeln, waren doch die gegen ihn einsetzbaren personellen Kräfte sehr beschränkt. Trotzdem werden die wenigen zur Verfügung stehenden Beamten verstärkt. So läuft am 4. November Ludwig Burghart mit einem Kameraden Streife. Sie entdecken in einem Wildwechsel ausgelegte Schlingen. Burghart kontrolliert auch den nächsten und wird von Kleiczig aus Nahdistanz niedergeschossen. Der Freund kann nicht mehr helfen. Burghart verstirbt. Die einsetzenden Maßnahmen gleichen denen der vorherigen Morde. Spuren werden gesichert. Spuren beweisen: Kleiczig. Der Täter jedoch ist verschwunden. Diesmal fordert Kommissar und Einsatzleitung jede Unterstützung, die das Reichsforstamt gewähren kann. Sie wird gewährt. Die Anzahl der Kommandojäger steigt auf Kompaniestärke. Fünfzehn Mann Feldgendarmerie werden eingesetzt. Die Vollmacht zur Durchsuchung jeden Hauses, jeden Betriebes wird genehmigt. Die Schlussfolgerung lautet: Im strengen Winter kann Kleiczig nicht mehr im Freien nächtigen. Die Offensive startet am 1. Dezember 1943. Sie endet am 31. Januar. Bis zu 150 Mann sind daran beteiligt. Systematisch wird die Gegend durchkämmt. Erfolg ist ihr beschieden: Dutzende illegale Schlachtungen, »Wilddiebereien«, illegaler Waffenbesitz werden festgestellt. Menschen verhaftet und der Gerichtsbarkeit überstellt. Fahnenflüchtige werden aufgegriffen. Denunzianten und »Volksfeinde« überführt. Allein: Stefan Kleiczig ist nicht unter ihnen.

Kleiczig geriet am 16. November in die Hände sowjetischer Partisanen, die außerhalb des Kernfahndungsgebiets Stellung hielten. Kleiczig konnte sich glaubhaft als flüchtender Pole Josef Szanek vorstellen. Die Partisanengruppe beschäftigt ihn und Kleiczig beeindruckt mit erlegtem Wild. Der Winter bei den Illegalen verläuft ohne Anspannung. Im Frühjahr erst nehmen die Widerstandskämpfer ihre Tätigkeiten wieder auf. Von den Einsätzen kehrt die Mehrzahl der Einheit nicht an den Standort zurück. Er wird gesprengt, Kleiczig in die Freiheit entlassen.

»Die schweren Kämpfe an allen Fronten sind für die gesamte Bevölkerung Gegenstand einer täglich zunehmenden Sorge. Das unerwartete rasche Vordringen der Sowjets ist erschreckend und beschäftigt die Gemüter mehr als alles andere. Im Augenblick erscheint allen die Ostfront auf Grund ganz akuter Gefahren viel wichtiger als der Westen. Die Unmöglichkeit für jeden Einzelnen, die Zusammenhänge zu erkennen und die Frage nach dem Zeitpunkt der immer sehnlicher erwarteten Entscheidung im Westen und einer Wendung im Osten zu beantworten, wirkt so deprimierend, daß nur ein kleiner Teil der Bevölkerung eine unbeirrt zuversichtliche Stimmung bewahrt.« Geheimbericht des SD vom 13. Juli 1944.

Das Überleben ist im Sommer 1944 ungleich schwerer als die Jahre vordem. Die Front rückt näher. Die Panik wird größer. Gräueltaten mehr. Vertrauen schwindet. Fixpunkte im Leben sind nicht mehr. Kleiczigs Unterschlupf bei Ivonna Tschelofinka ist verraten, die Frau verhaftet. Stefan Kleiczig irrt umher. Verwahrlost. Am 6. Juni begegnet er der Forstassessorin Stefania Tilbowska, 31. Stefania arbeitet als Übersetzerin in Posen. Hobby: Reiten. Stefan Kleiczig zielt aufs Pferd. Stefania Tilbowska verliert beim Sturz das Bewußtsein. Sie spürt nicht die Schmerzen der Vergewaltigung. Sie spürt nicht die Hände um ihren Hals. Stefania Tilbowska ist das letzte Mordopfer Kleiczigs.

Diesmal beschließt die Einsatzleitung: dezente Ermittlung. Die Spuren lassen vermuten, daß Kleiczig nicht mehr vom Wilddiebstahl lebt. Er stiehlt um nicht zu hungern. Vornehmlich einzeln stehende Höfe sind Tatort. Sie werden unter Beobachtung gestellt. Und diese hat am 9. Juni 1944 Erfolg. Stefan Kleiczig wird nach sechs Jahren Todesspur verhaftet. Unblutig. Ohne Aufsehen. Der Griff zur an seinen Oberschenkel gebundenen Waffe wird verhindert. Kleiczig wird ins Zuchthaus Wronke überstellt. Er zeigt sich reuig. Und doch versucht er mit Gewalt zu flüchten. Der Diensthabende kann das unter Lebenseinsatz verhindern. Seine Schußwaffe tötet.

»Nur sechs Jahre des Friedens sind uns seit dem 30. Januar 1933 vergönnt gewesen. In diesen sechs Jahren ist Ungeheueres geleistet und noch Größeres geplant worden; so vieles und so Gewaltiges, daß es aber erst recht den Neid unserer demokratischen, nichtskönnenden Umwelt erweckte. Das Entscheidende aber war, daß es in diesen sechs Jahren gelang, mit übermenschlichen Anstrengungen den deutschen Volkskörper wehrmäßig zu sanieren, das heißt, ihn nicht in erster Linie mit einer materiellen Kriegsmacht auszustatten, sondern mit dem geistigen Widerstandswillen der Selbstbehauptung zu erfüllen. Das grauenhafte Schicksal, das sich heute im Osten abspielt, das in Dorf und Markt, auf dem Lande und in den Städten den Menschen zu Zehn- und Hunderttausenden zustößt, wird mit äußersten Anstrengungen von uns am Ende trotz aller Rückschläge und harten Prüfungen abgewehrt und gemeistert werden.« Worte Adolf Hitlers in seiner letzten öffentlichen Rede am 30. Januar 1945.

Quellen

Julius Kranold: *Geben Sie auf, Kleiczig! Die unfassbaren Taten eines ruchlosen Wilderers.* München 1967.

Walter Schafarschik: *Herrschaft durch Sprache. Politische Reden.* Stuttgart 1973.

Roland Girtler, Gerald Kohl: *Wilderer im Alpenraum. Rebellen der Berge. Ausstellung im Rahmen der oberösterreichischen Landesausstellung »Land der Hämmer – Heimat Eisenwurzen«.* Steyr 1998.

Manfred Overesch u. a.: *Digitale Bibliothek Band 49. Das Dritte Reich.* Berlin, 2001.

Helmut Mattke: *Duell im dunklen Tann.* Tessin 2002.

Artist sucht Partner

Der Fall Berno Henjes, Dresden 1950

Name:	Henjes
Vorname:	Berno
Geboren:	27.2.1933
Geburtsort:	Gelsenkirchen
Größe:	161 cm
Beruf:	ohne erl. Beruf
Gestalt:	schlank
Haar:	dunkelblond
Bart:	ohne
Schulterneigung:	waagerecht
Gesicht:	oval
Stirn:	hoch, senkr.
Augen:	dunkelbraun
Augenbrauen:	dicht
Nase:	mittel,
Ohren:	mittel abstehend
Mund:	voll
Kinn:	rund
Haltung:	gerade
Sprache/Mundart:	hochdeutsch
Merkmale:	rechts an der Stirn eine Narbe

Urteilsbegründung vom 12. Oktober 1950: »Nach dem Gutachten des Psychiaters handelt es sich bei [dem 17jährigen] Henjes um einen Jugendlichen, dessen Gefühle sich an der Oberfläche befinden und nicht in die Tiefe gehen. Er sei Kokett wie ein Mädchen und achte sehr auf sein Äußeres. Dieser Eindruck wurde auch durch sein Verhalten vor Gericht weitgehend bestätigt, wenn auch die Tat und die Gerichtsverhandlung ihn beeindruckten. Eine Geistesstörung oder eine Geistesschwäche konnte der sachverständige Psychiater nicht feststellen, bejahte jedoch trotz genügender Intelligenz seine Unreife. Auch sei er oberflächlich, spielerisch, egozentrisch und leichtsinnig. Das fand das Gericht im Auftreten ohne Engagement und den Nachfolgendem ›dezenten Einsammeln‹ bestätigt. Der vom Psychiater behaupteten Gefühlskälte widerspricht der rege Briefwechsel zwischen ihm und seinen Angehörigen. Er scheint sich gern als Beschützer zu fühlen. Wahrscheinlich hat es in den vergangenen Jahren an einem festen Halt und einer sachgemäßen Erziehung gefehlt. Weitkamp ist moralisch nicht verloren. Er wird, unterstützt von geeigneten Erziehungsmaßnahmen, sich in ein geordnetes Leben zurückfinden, zumal mit zunehmenden Alter eine gewisse sittliche Reife zu erwarten ist ... Die Tat ist vorsätzlich geschehen. Er ist jedoch kein Mörder, da er weder aus Mordlust noch aus Befriedigung des Geschlechtstriebs, aus Habgier oder sonst aus niedrigen Beweggründen tötete, vielmehr wußte er sich in seiner jugendlichen Unreife keine andere Möglichkeit als diese Tat. Trotzdem wurde auch der mildere Fall, verneint, da Henjes nicht ohne eigene Schuld gehandelt hatte, und er weder durch eine Mißhandlung oder schwere Beleidigung auf der Stelle zur Tat hingerissen wurde ...«

Zwei Wochen vor Weihnachten, Dezember 1949: Vielleicht saß Berno Henjes in einem Café. Vielleicht las er Zeitung bei Muttern daheim. Vielleicht lag die *Berliner Palette* in der Kantine des Meininger Theaters. Berno ist im Hause Eleve beim Ballett. Auch in anderen Stücken hat er bereits dort auf der Bühne gestanden. Im letzten Schuljahr war jemand in seine Klasse gekommen und hatte die Kinder vom Theater begeistert. Berno ist stimmbegabt und hat sich für die Aufführung des *Wildschütz* gemeldet. »In der Folgezeit habe ich dann weiter als Tanzeleve im Meininger Landestheater mitgespielt. Später wurde dann in Meiningen eine Ballettschule gegründet, und nur Schüler dieser Schule wurden für die Aufführungen im Theater herangezogen. Für diese Schule mußte ich ein monatliches Schulgeld von DM 20,- aufbringen. Ich habe für andere Leute Holz gehackt, Wege besorgt usw., nur um mir dieses Schulgeld zu erarbeiten. Ich wollte Schauspieler werden. Ich habe nie einen Tag Berufsschule besucht, man hat mich auch nie dazu angehalten. Ich weiß nicht, wieso ich darum gekommen bin.« Am Theater fühlt sich der Junge aufgehoben, akzeptiert. Auch ist er erwachsen, eine ältere Balletteuse zeigte dem Eleven Liebe. Die Mutter kann ihren »Großen« finanziell nicht unterstützen. Vier Kinder hat sie zu ernähren. Seit zehn Jahren lebt sie in Meiningen. Seit zehn Jahren ist Bernos Vater vermißt. Auch ihr zweiter Ehemann blieb im Krieg. Die Familie lebt von der Wohlfahrt. Mit Stricken verdient die Mutter ein wenig hinzu. Berno hat fünf Jahre die Schule besucht, für seine Familie ist er jederzeit da. Er liebt die Mutter, die Geschwister. Aber eines war Berno gewiß: Nirgendwo anders als auf einer Bühne möchte er arbeiten. Für diesen Traum tut er alles.

Die *Berliner Palette* war 1949 eines der wenigen Kulturblätter Deutschlands. Redaktionssitz: Ostberlin, Unter den Linden 54. Die Illustrierte berichtete nicht nur über Kunst in Berlin. Die *Palette* schreibt über neue Kinofilme, über Margot Hielscher, Bruni Löbel, Karl Schönböck als »feschen Paul«. Die Defa kündigt die Dreharbeiten zu *Bürgermeister Anna* an. Drehbuchautor: Friedrich Wolf. Ein neues Varieté-Programm wurde im »Haus Vaterland« probiert, die »Neue Scala« bringt Artistik. Der Premierenspiegel zeigt in Dresden die *Optimistische Tragödie*, in Bremen den *Zerbrochenen Krug*, Rostock inszenierte *Wassa Schelesnowa* und Chemnitz *Grube Stern* – das Stück gibt ein »aufschlußreiches Bild eines neuen Arbeitsethos der Bergarbeiter im Donezkgebiet«, geschrieben wurde es vom 24jährigen Alexander Kornejtschuk. Ein junger Mann. Auch in dessen Heimat hatte der Krieg gewütet. Auch er Kunst begeistert.

Berno liest im Heft vom »Haus der Kinder« in Berlin. »Unweit von dem Bahnhof Frankfurter Allee, Am Stadtpark Lichtenberg liegt es, das große weißleuchtende Paradies, das Haus der Kinder, in dem sich Träume der frühbegabten Kleinen erfüllen, Unterricht in den ihren Neigungen entsprechenden Fächern zu erhalten. Da herrscht blitzende, tadellose Sauberkeit auf allen Fluren, die Klassenzimmer sind Oasen moderner Pädagogik und überall studieren die kleinen Kursteilnehmer mit Eifer und Liebe zur Sache ... Alle diese Kinder können ihre Talente in ernster Arbeit unter fachkundiger Leitung entwickeln und fördern, sie sind nicht auf die Einkommensverhältnisse im Elternhaus angewiesen, denn der Unterricht ist kostenlos. ›Wir erstatten ihnen sogar das Fahrgeld‹, sagt Herr Fölster in Vertretung des Direktors, ›und an unserem Unterricht kann jedes Kind aus jeder Wohngegend, ganz gleich ob Ost- oder Westsektor, teilnehmen. Die Zentralverwaltung für Volksbildung hat diesen großzügigen Plan ins Werk gesetzt‹ ... Es macht Freude, überall die eifrigen Gesichter der Kinder, auf denen sich in den Pausen ein glückliches Lächeln zeigt, zu sehen. Man spürt, daß die Kinder ganz organisch ihren Anlagen entsprechend in einen Beruf hineinwachsen, dem sie leidenschaftlich ergeben sind und der deshalb nicht in erster Linie Broterwerb für sie ist.« Chorgesang und Blockflöte. Malerei und Fotoklasse. Abteilung Technik. Arbeitsgemeinschaft Biologie. Auch ein Ballettkurs steht im Programm. Auf dem Foto sieht man die Eleven in Reihe. Ein Junge ist mit gutem Willen zwischen den Mädchen erkennbar. Würde Berno Henjes gern den Kurs belegen? Meiningen hat kein »Haus der Kinder«. Meiningen ist der *Palette* keine Zeile wert.

Vielleicht blättert Henjes weiter, liest Heirats-Anzeigen: 32Jährige von Künstler geschieden. Wassersportler, geistig lebhaft, kriegsbeschädigt. Männer und Frauen suchen Gedankenaustausch und Briefwechsel. Kauf und Verkauf. Fernkurs in doppelter Buchführung und Bilanztechnik nach den Grundsätzen der Neuzeit. Berno Henjes liest: Stellenangebote. Berno ist 17 und hofft, daß ihn dies eine in seiner beruflichen Laufbahn schneller voran bringen wird: »Junger Artist sucht dringend Partner (16 bis 23 Jahre) für gute Nummer. (Steptanz und Balance-Akt), evtl. auch Anfänger. Interessenten persönlich oder schriftlich mit Bild, Größen- und Gewichtsangabe an Roiko Naubitz, Dresden A-40, Windbergstr. 30.« Berno wird sich die Adresse notieren. Er wird Herrn Naubitz in Dresden schreiben. Herr Naubitz antwortet sofort mit einem Telegramm: »Engagiere als Partner – 14 Tage Probezeit – Wohnung und

Kost frei – erwarte Sie Sonnabend 21. In Berlin – Roiko Naubitz.« Berno fährt nach Berlin.

»Am 21. Januar dieses Jahres lernte ich Herrn Rolf Meta-
nowicz in Berlin auf Grund einer von ihm gestellten Vakanz
kennen. Er hatte dort im Westen ein Engagement in einer Bar
Eremitage. Er war mit mir zufrieden, und wir wollten einen
Vertrag abschließen ... Gleich am ersten Tag, bat mich Meta-
nowicz mit ihm aufzutreten. Alleine machte ihm seine Nummer keinen Spaß mehr. Er lieh mir seine Steppschuhe ... Er
erhielt keine feste Gage, sondern ist nach seinen Aufführungen
mit einem Teller durch die Reihen der Gäste gegangen und hat
eingesammelt. Ich habe mich dagegen gesträubt ... Mir kam
es auch als Bettelei vor ... Auf meine Vorwürfe, daß ich mir
das nicht so vorgestellt habe, machte er mir klar, daß es an der
derzeitigen Lage liegt und es schwer sei, ein festes Engagement
zu bekommen. Seine artistische Nummer war bestimmt nicht
schlecht, es steckte viel Arbeit dahinter. Die ersten 14 Tage erhielt ich kein Entgelt, er hat für mich alles Lebensnotwendige
besorgt. Täglich haben wir in drei, vier lokalen im Westsektor
gearbeitet. Für 2,- Mark kauften wir im Westsektor ein, das
übrige Westgeld tauschten wir in Wechselstuben für Ostmark
ein. Brot wurde in der HO gekauft. Als die 14-tägige Probezeit
um war, erklärte ich mich auch weiterhin bereit, mit Rolf zu-
sammenzuarbeiten, von dieser Zeit ab erhielt ich die Hälfte des
eingesammelten Geldes.«

Auch Naubitz ist jung, 23. Beim Auftritt harmonieren beide.
Die jungen Artisten zeigen fortan unter dem Namen »Die Roikos« ihre Kunst. Mitte Februar »kehrten wir über Leipzig nach
Dresden zurück. Hier hat Naubitz seine Eltern wohnen. Sein
Vater betreibt ein selbständiges Baugeschäft ... Dort wohnte er
bei seinen Eltern vorn und ich im Hinterhaus bei einer Bekannten in der Küche auf einer kleinen Couch.« Das Haus der Nau-
bitzens ist auf der Windbergstraße an den Südhängen Dresdens.
Im Hinterhaus ist eine Schmiede, darüber wohnt Elsa Müchel,
die Freundin der Familie. Die Küche ihrer kleinen Wohnung
hat separaten Eingang und wird für Berno das »eigene« Zimmer. Hier sitzen die Kollegen, spielen das »Hütchenspiel« oder

schwatzen, wenn sie nach dem Auftritt noch nicht Ruhe finden können oder wollen. Wenn sie bei Roikos Eltern im Vorderhaus sitzen, schilt Mutter Naubitz wegen des Stromverbrauchs mitten in der Nacht. Im Hinterhaus kann die Mutter das brennende Licht nicht sehen. In Dresden »hatte Roiko keinen Vertrag, wir arbeiteten … wieder gegen ›dezentes Einsammeln‹ in verschiedenen Gaststätten.«

Berno Henjes wird in Roikos Familie integriert. Der Vater schimpft zwar lautstark auf den Lebenswandel seines Sohnes, bietet ihm aber zum wiederholten Male den Eintritt in sein Unternehmen an. Doch Roiko lehnt ab, es fallen harte Worte. Ein Ritual zwischen Vater und Sohn. Zu ernsthaften Streitigkeiten, gar Gewalt, ist es niemals gekommen. Da Berno in Dresden nicht gemeldet ist und deshalb keine Lebensmittelkarte besitzt, kocht Mutter Naubitz meist Mehlsüppchen für die »Kinder«. Die gehen für gewöhnlich gegen acht Uhr abends aus dem Haus. Nach Mitternacht oder morgens mit der ersten Bahn kehren sie zurück. Alltag – bis Berno Henjes am Freitag, den 3. März 1950, ¾ zwölf Uhr mittags, die Küche im Vorderhaus betritt.

Auf Roikos Bruder Peter machte Berno den Eindruck, »als hätte er die Nacht durchgesoffen«. Hemd und Hose standen offen. Berno setzte sich an den Tisch und fragte immer wieder: »›Wo bin ich, wo bin ich? Was haben sie mit uns gemacht?‹ Ich wollte ihm erst entgegnen: ›Mensch, mach kein Theater und sage, was los ist.‹ Meine Mutter fragte: ›Wie siehst du aus? Was ist mit Roiko los? Warum kommt er nicht rüber?‹ Darauf antwortete er: ›Gehen Sie nur rüber.‹ Er saß gebeugt am Tisch und legte die Schlüssel vor sich hin. Jede weitere Frage beantwortete er mit: ›Gehen Sie nur rüber, gehen Sie nur rüber.‹ Nun sagte er auch: ›Ich habe Hunger, ich habe die ganze Nacht nichts gegessen.‹«

Peter Naubitz findet seinen Bruder in Bernos Zimmer im Hinterhaus. Auf dem Bett. In Schlafkleidung. Tot. Die Leichenstarre ausgeprägt. Peter Naubitz kehrt zurück: »Wie kann so etwas passieren!?« Man verständigt die Polizei. Dieser plötzliche Tod des Artisten Roiko Naubitz veranlaßt weitere Ermittlungen. »Es wird eine Lebensmittelvergiftung vermutet. Es besteht der Verdacht auf Mord.« Die Mordkommission trifft gegen 6 Uhr abends auf der Windbergstraße 30 ein.

»Der Tatort ist ein rechteckiges Zimmer, daß sich im I. Stockwerk des Hinterhauses Windbergstr. 30 befindet und zwar stellt dieses die Küche der Frau Müchel, der einzigen Bewohnerin des Hinterhauses dar. Diese Küche hat einen separaten Eingang, genau wie die übrigen Zimmer, die von Frau Müchel bewohnt werden. Die Küche ist mit nur einem Fenster versehen. Der Raum ist 3,20 m tief und verbreitert sich im letzten Drittel. Von 1,65 m auf 2,80 m so, daß ein sechseckiges Zimmer entsteht. Es herrscht in dem Zimmer eine allgemeine Unordnung. Gebrauchtes Geschirr steht herum. Das gegenüber der Tür befindliche Fenster ist mit zugezogenen Gardinen versehen. Unterhalb dieses Fensters steht ein 1,60 m langes und 0,65 m breites Chaiselongue, auf diesem liegt ein Federunterbett. Ein Stuhl am Fußende verlängert diese Lagestätte, auf der der Tote mit Unterhose und Hemd bekleidet auf dem Rücken liegt. Vor der Lagerstätte befinden sich zwei Haufen erbrochenen Makkaroni. Davor auf der linken Seite des Zimmers steht ein Stuhl und daneben ein Tisch, auf dem zurechtgelegte Schnitten, bestrichen mit Aufstrichpaste, liegen. Gleich neben der Tür links befindet sich ein Gasautomat mit 10-Pfennigstückeinwurf. Dieser bedient einen zweiflammigen Gaskocher, der sich rechts von der Tür befindet. Ebenfalls auf der rechten Seite steht ein Küchenascheherd. Auf dem Herd steht ein 20-l-Topf, in dem ein Bettuch eingeknüllt ist. Es befindet sich jedoch kein Wasser in dem Topf. Der Schornstein, der sich an den Küchenherd anschließt, beginnt vom Fußboden ab und ist auf eine 13er Ziegelwand aufgesetzt. Die Rußglocke ist mittels Zeitungspapier gut abgedichtet. An diesen Schornstein ist der im anschließenden Wohnzimmer befindliche Kachelofen angeschlossen, der jedoch zu der fraglichen Zeit, ebenso wie der Küchenofen, nicht benutzt wurde, da sich die Bewohnerin Frau Müchel zur Zeit im Krankenhaus befindet. Am Haupthahn befindet sich ein Zettel mit der Aufschrift: ›Bitte hier zudrehen, da sonst Gas ausströmt.‹ Dieser Hahn ist geschlossen. Im Küchenofen befinden sich eine große Anzahl gebrauchter Streichhölzer und Zigarettenkippen. In den 2,50 m hohen Zimmer befindet sich außerdem noch elektrisches Licht.« Es stellen sich Fragen. Natürlich sieht Roiko Naubitz' Tod nicht aus.

Berno Henjes schildert den vergangnen Mittwoch: »Ich kann mich genau entsinnen, daß wir abends ziemlich spät, ungefähr gegen 21.00 Uhr zu unserer Arbeit in die Stadt fuhren. Wir traten im Hotel Anton, Weißeritzstr. Auf. Wir waren dort nicht verabredet und fragten die Chefin, ob wir auch an diesem Abend den Gästen unsere Nummer zeigen durften. Vor unserem Auftritt aßen wir. Gegen 23.00 Uhr verließen wir dieses Lokal und gingen zu Brettschneider, auch dort hatten wir schon mehrfach Auftritte. Um 24.00 Uhr hat die Kapelle eine Pause, und in dieser Zeit zeigten wir wieder unsere Künste. Ein Herr von der Landesbühne bat uns zu sich an den Tisch. Wir kamen in ein Gespräch. Er gab uns eine Anschrift von dem Veranstaltungsleiter der deutschen Volksbühne, wohin wir uns zwecks eines Engagements wenden sollten. Da wir knapp bei Kasse waren, leisteten wir uns gemeinsam nur ein Glas dunkles Bier. Gegen 3.00 Uhr hat uns dann de Kraftfahrer, dessen Namen ich nicht kenne, mit seinem Wagen nach Hause gefahren, damit wir nicht bis nach Gittersee laufen müßten. Zu Hause angekommen, gingen wir beide gemeinsam in mein kleines Zimmer ins Hinterhaus. Wolf ging nochmals vor zu seinen Eltern und wollte Brot holen. Er kam auch sofort wieder zurück. Wir machten uns Schnitten zurecht. Plötzlich wurde uns beiden schlecht. Beide hatten wir gebrochen und sind dann eingeschlafen Genaue Uhrzeiten kann ich nicht angeben, weil ich keine Uhr habe. Das Zimmer wird nicht geheizt. Seit drei Wochen wohne ich darin und so lange kann ich mich nicht entsinnen, daß der Ofen in dem Zimmer einmal geheizt war. Das Zimmer befindet sich in der ersten Etage. Im Erdgeschoß ist eine Schmiede. Trotzdem habe ich nichts gemerkt, daß etwa durch ein Schmiedefeuer die Wände erwärmt worden wären. Solange ich darin wohne, ist es mir auch noch niemals schlecht geworden.

Ich bin erst am Freitag gegen 11.00 Uhr vormittags aufgewacht [nach anderthalb Tagen]. Mein Partner lag tot neben mir. Ich selbst fühlte ein sehr starkes Übelkeitsgefühl. Ich war so schwach, daß ich zum Anziehen bald eine Stunde Zeit brauchte. Ich hatte wahnsinnige Kopfschmerzen und Ohrensausen. Ich hatte direkt schwer gehört. Ich bin dann vor zu den Naubitz' in die Wohnung getorkelt. Der Bruder von Roiko ist dann als erster nach hinten und hat seinen toten Bruder gesehen. Ich habe mich gar nicht getraut, den Eltern zu sagen, daß Roiko tot ist ...

Zwischen mir und Roiko hat stets ein gutes Einvernehmen geherrscht. Trotz der Schwierigkeiten in Bezug auf unseren Broterwerb in unserem Artistenberuf wollten wir zusammen bleiben. Meine Aussagen entsprechen der Wahrheit, was ich mit meiner Unterschrift bestätige: Berno Henjes.«

Das Erbrochene wird untersucht. Schadstoffe werden nicht festgestellt. Das Sektionsprotokoll stellt als Todesursache Kohlenmonoxidvergiftung fest. Eine Lebensmittelvergiftung scheidet aus. Kohlenmonoxid – bleibt nur der Gasautomat. Denn die »Brandkommission stellt fest: Nach den baulichen Gegebenheiten und durch die Tatsache, daß die Öfen in den letzten Tage nicht geheizt wurden, kann kein Kohlenoxydgas durch Verbrennen von Heizmaterial in den Raum gelangt sein.« Tatsache: Roiko Naubitz ist tot. Selbstmord? Mord? Gar Doppelmord? Berno sagt: »Als ich nach Roikos Hand fassen wollte, kam der ganze Arm. Ich habe eben ein stärkeres Herz.«

Wer hat ein Motiv zu töten? Mit seinem Vater hatte Roiko tags vorher gestritten. Die Emotionen kochten. Roiko schrie: »Ich brauch' Euch überhaupt nicht mehr!« Der Vater schrie: »Ich werde dich nicht mehr unterstützen!« Und wirklich und immer wieder hatte der Vater Roiko Geld zugeschoben. Bis nach Berlin hat er es seinem Sohn gebracht. Alle maßen den lauten Worten keine Bedeutung bei.

Zeugen aus dem *Brettschneider* sagen aus. Eine Tanzpartnerin hat bei Roiko Schwermut bemerkt. Als sie ihn fragte »Was ist?«, bekam sie zur Antwort: »Reden wir nicht davon.« Für sie scheint Selbstmord nicht ausgeschlossen. Berno poussierte am Abend mit Anna Elisabeth Marschner. Ein Kuß und Händchenhalten. Sie schlägt Berno vor, doch gemeinsam bei ihr zu schlafen. Berno scheint unschlüssig. Der Saxophonist der Kapelle will ihr anderes beweisen: »Bubi, es gibt noch was Schöneres als Frauen.« Berno geht auf das eindeutig sexuelle Angebot nicht ein. »Ich dachte mir gleich, der wolle mich testen.« Der Kraftfahrer der Landesbühnen fährt die zwei »Roikos« nach Hause und wiederholt das Angebot vom Engagement bei der *Deutschen Volksbühne*. Dort stellt man Programme zusammen und fährt übers Land. Kultur auf die Dörfer! Berno will Roiko überzeugen. Sie hätten so sichere Einkünfte. Ein »dezentes Einsammeln« entfiele. Das Bier könnten sie des Abends trinken und müßten sich nicht ein Glas teilen. Mordmotive?

Berno Henjes ist im Fokus der Ermittler. Zumal »bei den von hier aus durchgeführten Ermittlungen festgestellt [wurde], daß Henjes weder eine Aufenthaltsgenehmigung noch polizeiliche Meldung hatte für Dresden. Laut Fernschreiben vom 7.3.1950 ist Henjes in Meiningen gemeldet. Anhängig ist er lt. demselben Fernschreiben dort nicht gewesen. Es wurde lediglich mitgeteilt, daß er als Tanzeleve in dem dortigen Landestheater tätig ist und sich angeblich auf Gastspielreise befindet. Im vorliegenden Falle ist einwandfrei festgestellt worden, daß der Henjes sich unerlaubt von seinem Heimatort entfernt hat und hier ohne jede Genehmigung als Artistenlehrling in Dresden gemeinsam mit dem Roiko Naubitz aufgetreten ist.«

Vorbei die Lügen. Am 16. März streitet Berno Henjes nichts mehr ab und gibt im Geständnis zu Protokoll. »Ich bedaure, daß ich nicht der Polizei von vornherein die Wahrheit gesagt habe. Ich habe keine Angst vor der Strafe, sondern schäme mich so ... Natürlich das andere auch. Ich hatte den Gedanken, dafür mußt du bestraft werden, der Gedanke abzuhauen, ist mir nicht gekommen. Ich hatte auch nicht die Absicht oder den Mut, mich selbst zu stellen, d.h. der Gedanke dazu ist mir nicht gekommen ...

In den ersten Tagen unserer Anwesenheit in Dresden waren wir mit der letzten Bahn gegen 24.00 Uhr in unserer Wohnung angekommen. Weil wir noch nicht müde waren, spielten wir mit dem ›Hütchenspiel‹. Das ›Hütchenspiel‹ ist ein Würfelspiel nach der Art des Mensch ärgre dich nicht. Wir machten es hinten in meinem Zimmer, da Rolfs Eltern immer wegen des vielen Lichtverbrauches schimpften. Wir zogen uns beide aus. Ich hatte das Hemd und Roiko meines Wissens nach Hemd und Unterhose an ... In dieser Nacht näherte sich Roiko mir das erste Mal geschlechtlich. Wir spielten gegenseitig mit den Händen an unseren Geschlechtsteilen, bis es bei uns zum Erguß kam. Wir schliefen dann bis zum nächsten Morgen. Dann ging der Tagesablauf wie üblich weiter, Proben und abends wieder Auftritte in verschiedenen Gaststätten ... Einige Tage später schlief Roiko wieder mit auf meinem schmalen Schlafsofa. Hierbei kamen wir wieder geschlechtlich in Verbindung, in dem er sein Geschlechtsteil in meinen After einführte. Wieder kam es bei beiden zum Erguß. Ich weiß gar nicht, wie es kam, ich war dann wie in einen gewissen Bann von Roiko gelangt. Ich habe so etwas nie bisher getan. Das Komische an der Sache war, daß ich ihn gar nicht verabscheuen konnte. Ich weiß selbst nicht, wie das kam. Diesen Akt, wie das letzte Mal haben wir ungefähr drei bis vier Mal vollzogen ...«

Am Mittwoch waren sie aufgetreten, und der Abend verlief, wie ihn Berno geschildert hatte. Er hatte Roiko gebeten, sich mit ihrem Programm bei der *Deutschen Volksbühne* vorzustellen. Es brächte sicheren Lohn. Doch Roiko blieb skeptisch und ließ sich nicht überzeugen. »Bereits vorher hatte er mir gesagt, daß wir in Westberliner Lokalen nackend auftreten wollten. Ich war davon nicht erbaut. Über diesen Punkt ist mehrmals Streit entstanden, weil ich das keinesfalls mitmachen wollte. Ich wollte Roiko zu diesem Engagement bei der Landesbühne zureden, aber er sagte, daß solch eine Tournee zu sehr anstrenge, in Westberlin könnten wir uns unser Geld leichter verdienen ...

Ich sagte, daß er doch vorgehen solle zum Schlafen, Roiko entgegnete jedoch: ›Nein, die sollen vorne sehen, daß ich auch ohne sie durchkomme.‹ Daher blieb er noch mit hinten. Während er vorn war, hatte ich mich bereits ausgezogen und ins Bett gelegt, ich hatte nur Hemd und meine Schamhöschen an. Als Roiko mit Kaffee und Brot zurückkkam, ist er ziemlich stürmisch geworden, zog sich aus und kam mit zu mir auf das Sofa. Es begann wieder der Verkehr, wie lange dieser Akt andauert, vermag ich nicht zu sagen. Bei beiden ist es wieder zum Erguß gekommen. Ich habe mein Sperma mit dem Taschentuch aufgefangen, während er seins in meinen After laufen ließ.

Ich muß mich noch heute vor Ekel schütteln, wenn ich daran denke. Nach diesem Verkehr hatte ich einen Ekel und ein ganz komisches Gefühl in mir. Ich mußte jedesmal an meine Mutter denken, die mich vor so etwas gewarnt hatte. Roiko schlief bald ein, während ich gar nicht einschlafen konnte, so war ich innerlich erregt, ich war so müde, daß ich hätte Streichhölzer in meine Augen klemmen können, und ich konnte trotzdem nicht einschlafen. Ich stand auf vom Bett, zog mich an und drehte den Gashahn auf. Dann verließ ich das Zimmer und setzte mich auf die Treppe.

Als ich noch im Hemd neben Roiko lag, kam mir der Gedanke, die Tat so auszuführen, wie ich sie tatsächlich beging. Ich wußte mir keinen anderen Ausweg, wie ich von Roiko loskommen sollte. Ich vermag es in Worten nicht auszudrücken, was eigentlich meine Gedanken waren, die mich zu dieser Tat führten, Ich dachte daran, welch Gefallen Roiko an diesem Akt habe, und wie ich ihm bereits gesagt habe, daß mir das zuwider war. Ich dachte an meine Mutter und meine Freundin in Meiningen. Es war so ein Gedankenblitz, ohne daß ich jetzt imstande wäre, diesen Gedankenblitz begrifflich in Worten wiederzugeben. Ich habe dann des Gashahn an der Leitung und den Hahn am Kocher auf ›Auf‹ gestellt. Das Licht ließ ich brennen. Gleich wenn man aus dem Zimmer herauskam, habe ich mich auf die oberste Treppe des Hausflurs gesetzt. Ich kann nicht angeben, wie lange ich da gesessen habe. Ich muß etwas eingeschlafen sein. Ich kann nicht sagen, welche Tageszeit in diesem herrschte. Als ich erwacht war, bin ich in die Küche zurück. Ich sah nun, was ich angerichtet hatte … Ich bin auf gar keinen vernünftigen Gedanken mehr gekommen, ich heulte dann wie ein Schloßhund. Das Fenster hatte ich den ganzen Tag über offen gelassen. Ich habe den ganzen Tag über im Zimmer gesessen und vor mich hingestiert und wollte Erklärungen von mir selbst haben …

Die ganze Nacht vom Donnerstag zum Freitag habe ich in der Küche auf dem Stuhl gesessen. Das Licht ließ ich brennen. Ich mußte unverwandt auf Rolf stieren. Der Gedanke an Wiederbelebungsversuche durch dritte Hand ist mir nicht gekommen. Ich selbst habe ihn gerüttelt und geschüttelt und beim Namen gerufen. Als ich in das Zimmer das Zimmer zurückkam, war er jedoch schon tot … Am Freitagvormittag bin ich dann vor in die elterliche Wohnung von Roiko gegangen. Ich hatte mir nicht irgendwelche Ausreden zurechtgelegt, wie die hätte passieren können. Daß meine Tat herauskommt, wußte ich, nur vor den Eltern … (Schulterzucken)«

In der Untersuchungshaft begreift Berno Henjes das Endgültige seiner Tat. Er bedauert. Er sorgt sich um seine Familie. Er schreibt. Er schreibt am 9. Mai:

»Meine geliebte Mutti!
In keinem Deiner lieben Briefe fehlt die Frage: ›Warum hält man Dich fest?‹ – nun lb. Mutti, es fällt mir nicht leicht, Dir diese Frage zu beantworten. Doch ich weiß, Ungewißheit ist ein schweres Laster. Doch bevor Du es erfährst, versprich mir, Dir keine unnötigen Sorgen zu machen, denn sie sind unnötig, schaden Dir nur. Und wir brauchen Dich doch noch lange, die Kleinen, & wenn ich wiederkomme, ich auch. Also lb. Mutti, ich bin am Tode des Herrn Naubitz schuld, ja, ich bin schuldig. Aber deßhalb noch kein Verbrecher. Mutti, man behandelt mich auch nicht im geringsten so, ganz im Gegenteil. Aber ich bitte Dich, frag nicht warum & wieso, ich schreib' es Dir ein andermal, später. Du mußt aber, verzeih, daß Dir Dein Sohn solches sagt, vernünftig sein, & die Gedanken ruhen lassen. Immer nur <u>lieb</u> an mich denken, dann wird's leichter. Und ich weiß, Du wirst mich nicht verachten, ich bleibe Dein lieber Junge. Das war Schicksal, Mutti, & dem kann man nicht entgehen. Ich bete fleißig, & ihr tut es auch für mich, & so vergeht die böse Zeit, die ich nicht bei Euch sein kann, viel schneller. Denn es wird schon ein Weilchen dauern. Aber Dein ›Stropp‹ ist ja bei Euch, immer, nur daß Ihr ihn nicht seht. Also, meine geliebte Mutter, Du weißt jetzt die Hauptsache, & daß ich etwas ›Unrechtes‹ getan habe, muß ich dafür büßen, aber beruhige Dich, so schlimm wird's nicht werden. Sei stark, ich bin's auch.

So, & nun bedank ich mich noch für Deine lieben Briefe, am 27ten habe ich vier auf einmal bekommen, den letzten vom 25.IV., am 6.V. Schreib mir nur so oft Du kannst. Du glaubst ja nicht, wie gut das tut, einen lb. Gruß von Dir in der Hand zu haben. Aber frag nicht mehr wegen dieser ›Sache‹; Nein?, schreib von Euch, nur von Euch. Nun, meine lieben Kleinen sollen auch nicht vergessen sein. Vor allem das Geburtstagskind. Mein Trudchen, ich gratuliere Dir zum Geburtstag und wünsch' Dir alles, alles Gute. Es freut mich, daß Ihr wieder ein Kätzchen habt, paßt nur schön auf, damit es nicht wieder verschwindet. Renate hat auch am 18. Geburtstag, wenn ich nicht nochmal schreiben sollte, dann gratulierst Du bitte auch in meinem Namen, Mutti, gelt? Ich muß ehrlich sein, ich freue mich aufs nächste Paket, lb. Mutti: Ach, ich bin Dir ja so dankbar, & ich mach das alles wieder gut, alles, auch dies, wovon Du heute erfuhrst. Wenn dies auch nicht <u>so</u> geht, wie ich gerne möchte. So, nun bitt' ich Dich nochmal, denk' nicht soviel, sonst hab' ich hier keine Ruh' Aus jedem Wort, das Du niederschreibst, sprechen Deine Sorgen um mich, aber das muß anders werden. Man ist hier gut zu mir, bestimmt, & auch ich versuche, immer recht lieb & nett zu sein, wie Du's von mir verlangst –

Also meine Lieben, seid für heute ganz herzlich lieb gegrüßt von Eurem Berno

Gruß an Meinert, aber schweigen wir über dies, Mutti, ja bitte, das brauch niemand zu wissen, auch die Kinder nicht, Bitte!!!«

»Nach dem Gutachten des Psychiaters handelt es sich bei Henjes um einen Jugendlichen, dessen Gefühle sich an der Oberfläche befinden und nicht in die Tiefe gehen. Er sei kokett wie ein Mädchen und achte sehr auf sein Äußeres. Dieser Eindruck wurde auch durch sein Verhalten vor Gericht weitgehend bestätigt, wenn auch die Tat und die Gerichtsverhandlung ihn beeindruckten. Eine Geistesstörung oder eine Geistesschwäche konnte der sachverständige Psychiater nicht feststellen, bejahte jedoch trotz genügender Intelligenz seine Unreife. Auch sei er oberflächlich, spielerisch, egozentrisch und leichtsinnig.

Das fand das Gericht im Auftreten ohne Engagement und den Nachfolgendem ›dezenten Einsammeln‹ bestätigt. Der vom Psychiater behaupteten Gefühlskälte widerspricht der rege Briefwechsel zwischen ihm und seinen Angehörigen. Er scheint sich gern als Beschützer zu fühlen. Wahrscheinlich hat es in den vergangenen Jahren an einem festen Halt und einer sachgemäßen Erziehung gefehlt. Weitkamp ist moralisch nicht verloren. Er wird, unterstützt von geeigneten Erziehungsmaßnahmen, sich in ein geordnetes Leben zurückfinden, zumal mit zunehmendem Alter eine gewisse sittliche Reife zu erwarten ist.

Henjes, der als 16 Jähriger ein Liebesverhältnis mit einer Kollegin vom Ballett unterhielt, wobei es auch zum Verkehr zwischen ihnen kam, hatte zwar nicht die Energie, den sexuellen Anforderungen Widerstand entgegenzusetzen, es ist jedoch durchaus glaubwürdig, daß es nach der Päderastie von einem heftigen Ekel- und Haßgefühl erfaßt wurde. Dies ist besonders in den Morgenstunden des 2.3.1950 bei Henjes vorhanden gewesen und hat, ohne daß ihm schon vorher einmal ein derartiger Gedanke gekommen wäre, zur Tötung des Roiko Naubitz geführt.

Die Tat ist vorsätzlich geschehen. Er ist jedoch kein Mörder, da er weder aus Mordlust noch aus Befriedigung des Geschlechtstriebs, aus Habgier oder sonst aus niedrigen Beweggründen tötete, vielmehr wußte er sich in seiner jugendlichen Unreife keine anderen Möglichkeit, in Zukunft den sexuellen Ausschweifungen des Roiko Naubitz zu entgehen, als diese Tat. Trotzdem wurde auch das Vorliegen des §21(7?) StGB, der mildere Fall, verneint, da Henjes nicht ohne eigene Schuld gehandelt hatte, und er weder durch eine Mißhandlung oder schwere Beleidigung auf der Stelle zur Tat hingerissen wurde, da er sich vor der Begehung der Tat nach seinem eigenen Geständnis 3 bis 4 Mal von Roiko Naubitz geschlechtlich gebrauchen ließ.

Der Angeklagte, der nach dem persönlichen Eindruck den er in der Hauptverhandlung gemacht hat und nach Sachverständigen Gutachten, bei Begehung der Tat die nach §3 RJGG erforderliche Einsicht und Willensfähigkeit besessen hat, war daher für schuldig zu befinden, vorsätzlich einen Menschen getötet, die Tötung aber nicht mit Überlegung ausgeführt zu haben, Verbrechen nach §212 StGB, verbunden mit § 3 RJGG und demgemäß zu bestrafen.

Urteil im Namen des Volkes!
  Der am 27.2.1933 in Gelsenkirchen geborene jungendliche Angeklagte Friedel Wilhelm Weitkamp wird wegen Totschlags zu 5 – fünf – Jahren Jugendgefängnis kostenpflichtig verurteilt.«

Quellen

Akten des Sächsischen Hauptstaatsarchivs, Dresden
Paul Wiegler: *Schicksale und Verbrechen*. Berlin 1935.
Berliner Palette, Nr. 50/49.
Sächsische Zeitung, März 1950.
Manfred Drews: *Kriminalisten im Verhör*. Berlin 1979.

Verstockt bis zuletzt
Der Fall Thomschke, Radeburg 1964

Der Putz hat rosa Farbe, die Schrift über Fenstern und Tür ist golden. Auf einer Tafel kann der Gast die Mahlzeiten lesen. Vielleicht machen sie Appetit. Das Restaurant *Zum Hirsch* hat zentrale Lage am Markt zu Radeburg. Die Atmosphäre rustikal. Die Bedienung freundlich. Vor vier Jahrzehnten nannte der Volksmund die Einkehr *Hammerschänke*. Die Wirtin ward mit dem Werkzeug erschlagen. Der Wirt mit einem Riemen erdrosselt. Die Leichen fand man im hauseigenen Brunnen. Kopfüber waren sie hineingestopft. Entgegen sozialistischer Verschwiegenheit bei Gewaltdelikten, meldete der VP-Funk schnell: »1000 MDN Belohnung – In der Nacht vom 2. zum 3. November 1964 wurde das Gastwirtsehepaar Thomschke in seinem Grundstück in Radeburg bei Dresden das Opfer eines Verbrechens. Zur schnellen Aufklärung der Straftat wendet sich das Untersuchungsorgan an die Bevölkerung und bittet um Mithilfe bei der Ergreifung des Täters. Es wird gebeten, alle Wahrnehmungen, die im Zusammenhang mit dem Verbrechen stehen können und die auf Wunsch vertraulich behandelt werden, an die Volkspolizeidienststelle Radeburg oder an jeder andere Volkspolizeidienststelle zu melden. Die Belohnung wird für Angaben, die zur Aufklärung des Verbrechens führen, ausgesetzt. Die Auszahlung erfolgt unter Ausschluß des Rechtsweges.« Der Doppelmord in der Kleinstadt war Thema nicht nur vor Ort. Über Aufklärung, Prozeß und Urteil wurde en detail berichtet. Die Alten erinnern sich. Ansonsten sind die Spuren der Bluttat getilgt.

Radeburg liegt vor den Toren Dresdens. 1226 findet es erstmals Erwähnung. Im Mittelalter war die Bedeutung dieser Stadt größer als die Meißens oder Dresdens. Doch Politik und Geschichte ließen diesen Ort vergessen. Sehenswert sind heute Postmeilensäule, Schloß und Schmalspurbahn. Das Heinrich-

Zille-Museum hat geöffnet, der Maler mit markantem Strich und Urberliner Herz und Schnauze ward vor Ort geboren. Die Straße ist nach ihm benannt. Touristen suchen hier Erholung. Die Teichlandschaft läßt wandern, angeln, schwimmen. Schlagzeilen macht Radeburg einmal im Jahr, dann ziehen die Narren durch die Stadt. Sonst wird kaum über diese Stadt berichtet. 1964/65 war dies anders.

»›Ich habe mit dem Mord nichts zu tun, und ich kann auch nicht sagen, wer der Täter ist‹; behauptete der eines doppelten Raubmordes angeklagte 24jährige Klaus Schuricht aus Radeburg. Er vertrat diese Meinung auch noch, als ihm das Bezirksgericht Dresden den nach einem mehrtägigen, mit größter Gewissenhaftigkeit geführten Prozeß das letzte Wort gab. Offen und voller Reue stand dagegen die wegen Eigentumsdelikten angeklagte Ehefrau Ursel Schuricht zu ihren Taten. Hier fühlte jeder, sie will ein ehrlicher, sauberer Mensch werden. Sie gestand von sich aus Diebstähle ein, zu denen sie teilweise die mangelnde Sorge des Klaus Schuricht um seine vierköpfige Familie veranlaßte. Und sie war es auch, die den Untersuchungsorganen und dem Gericht in allen Einzelheiten den Ablauf der grausigen Tat schilderte, so wie sie ihr von ihrem Manne am Morgen nach der Mordnacht berichtet worden war.«

Donnerstag 5. November 1964, morgens 9 Uhr. Margarethe Tillmann schließt Tür die vom Hotel *Zum Hirsch*. Sie möchte säubern. Zwei Tage hatte das Lokal geschlossen. Ruhetage. Am Freitag soll im Saal zum Tanz aufgespielt werden. Jugend wird reichlich erscheinen, Uve Schickora hat sich angesagt, einer der prominenten Musiker der DDR. Magarethe Tillmann wird Gaststätte und weitere Räumlichkeiten vorbereiten. Das ist ihr Job. Sie wundert sich nur, daß sie die Wirtsleute Paul und Elsa Thomschke noch nicht sah, sonst geben sie ihr stets noch die Hinweise, wo besonders gründliche Reinigung Not tut. Das Haus bleibt merkwürdig still. Bereits am Dienstag hat Magarethe Tillmann Paketpost für die Thomschkes entgegen genommen. Es sieht den Eheleuten nicht ähnlich, wenn sie über Land fahren wollten, hatten sie ihr stets Bescheid gegeben.

Margarethe Tillmann geht durch den Gastraum und erschrickt. Vor der Theke schimmert Blut. Schleifspuren sieht sie. Ihr ist unheimlich. Sie sucht männlichen Beistand. Gemeinsam betreten sie wieder das Haus. Von Paul und Elsa Thomschke keine Spur, kein Lebenszeichen. Man macht dem Bürgermeister Meldung. Der verständigt die Polizei, »daß das Gaststättenehepaar, Paul Thomschke, geb. 14.2.1892, wohnhaft Radeburg, Großenhainer Str. 1, und Elsa Thomschke, geb. 12.10.1910, wohnhaft ebenda, in ihrem Wohngrundsück, der Gaststätte *Zum Hirsch*, Radeburg, Großenhainer Str. 1, nicht aufzufinden sind und dort im Grundstück größere Blutflecken vorhanden sind, so daß ein Verbrechen vermutet wird«.

Mit Handwerkern öffnet die Volkspolizei weitere Türen. Nach Suchen findet man die Tote im abgedeckten Brunnenloch unterhalb der Kellertreppe. »Elsa Thomschke wog 85 kg, ihre Brustbreite mit Armen war 55 cm, sie war breiter als die Luke, Brustumfang 136 cm. Mit ziemlicher Gewalt mußte die Leiche durch die Öffnung geschoben worden sein.« Die Spuren sind eindeutig: Mord. Paul Thomschke wird nicht gefunden. Ist er flüchtig? Ist diese Tat ein Beziehungsdrama? Die Polizei schreibt den Wirt zur Fahndung aus. Kurze Zeit später zieht sie diese Suchmeldung zurück. Der Tote lag im Brunnen, nicht zu sehen, unter Wasser. Mit ihm ein zerbrochener Hammer, ein Eimer, Lappen. Wer hatte Grund, die Thomschkes umzubringen? Sie waren Institution in Radeburg. *Zum Hirsch* war Treffpunkt, Kneipe und Vergnügen.

Paul Thomschke ist polizeibekannt. In Nachkriegsjahren war er im Visier der Ermittler. Schwarzhandel, Schmuggel, Schiebereien und Betrug wurden ihm vorgeworfen, selten bewiesen. Kontakte hat er in den Westen. In der CSSR trifft er sich mit seinem republikflüchtigen Sohn. Mitglied einer Freimaurersekte soll er gewesen sein. »Mit Thomschke ist einer der größten Gauner gestorben. Die Bevölkerung heißt aber keinesfalls die Tat gut«, protokollieren die Ermittler. Das örtliche Kollektiv der VP verfaßt die »Beurteilung des Gaststättenehepaares Thomschke«.

»Der obengenannte Thomschke hat noch zwei Brüder und eine Schwester, die noch am Leben sind. Sein Bruder in Oberlichtenau soll dort eine Mühle von Paul verwalten. Weiterhin ist er Besitzer der Mühle in Oberrödern/Kr. Großenhain, die in den letzten Jahren nicht mehr genutzt wurde. Die Mühle in Oberrödern wurde durch seinen Sohn geleitet und seit seiner Flucht nach Westdeutschland nicht wieder in Betrieb genommen. Obengenannter zog 1953 nach Radeburg und kaufte die Gaststätte *Hotel Hirsch* in Radeburg. Mit dem Obengenannten kam seine jetzige Ehefrau Elsa mit nach Radeburg. Sie lebten bis 1963 in Lebensgemeinschaft miteinander. Im Jahre 1963 wurde der Obengenannte wegen Schlaganfall ins Krankenhaus Radeburg eingeliefert, und da sein Gesundheitszustand sehr schlecht stand, heiratete er im Krankenhaus Radeburg. Kurz nach seiner Verehelichung wurde im Krankenhaus das Testament festgelegt, wo seine Frau als Alleinerbin eingesetzt wurde. Mit dieser Entscheidung hatte er somit auch seinen Sohn in WD enterbt und nicht berücksichtigt. Der Obengenannte hat seiner 3. Frau sein Vermögen überschrieben. Von der Bevölkerung wird dem Obengenannten nachgesagt, daß er seine 2. Ehefrau geheiratet hat, um sich in den Besitz der Mühle von Oberrödern zu bringen und nach Überschreibung der Mühle auf seinen Namen, sich von ihr wieder hat scheiden lassen. Er wird auch deshalb als kleiner Gauner bezeichnet, obwohl seine 2. Ehefrau auch nicht die Beste gewesen sein soll, aber in Paul ihren Meister gefunden hat. Obwohl er der Besitzer der Gaststätte *Hotel Hirsch* war, hat die Ehefrau die Konzession gehabt.

Als Gaststättenehepaar waren sie den Gästen gegenüber immer freundlich und zuvorkommend. So kam er vielen Stammkunden entgegen und schrieb ihre Zeche auf, wenn sie nicht in der Lage waren, sofort zu zahlen. In seiner Gaststätte verkehrten viele Jugendliche im Alter von 16–25 Jahren. Die Jugendlichen fühlten sich dort wie zu Hause und der Umgangston war gut, in dem sie von Paul und Else sprachen. Es handelte sich um eine Gaststätte, wo immer Krach vorhanden war, d.h. Musik und Gebrüll durcheinander. Das Gaststättenehepaar war sich nicht immer Herr der Lage, und die Gäste glaubten oft, machen zu können, was sie wollen. Demgegenüber konnte er sich nicht durchsetzen. Auch wegen Polizeistundenüberschreitung wurde er schon zur Rechenschaft gezogen. Auf seine Frau soll er auch eifersüchtig gewesen sein, wie dies im Volksmund gesagt wird.

Eine gute Beziehung hatte er zum ehemaligen Gaststätten-leiter Schuricht. Dies kam darin zum Ausdruck, daß sich bei-de gegenseitig ausgeholfen haben, wenn bei irgendeinem die Getränke alle waren. Es wurden dann Fässer über die Straße gerollt.

Seine politische Einstellung zum Arbeiter-und-Bauern-Staat war nicht positiv. So wurde zum Beispiel bei Veranstaltungen mit politischem Charakter durch ihn wenig getan, um dies zur Zufriedenheit durchführen zu können. So mußte am Tage der Frau (Frauentag) dem DFD, Ortsgruppe Radeburg, von der VP-Dienststelle Radeburg Kohlen geliehen werden, damit der Saal geheizt werden konnte. Thomschke lehnte dies damals ab zu heizen. Auch bei Veranstaltungen politischer Organi-sationen gab es immer Auseinandersetzungen, damit er den Saal zur Verfügung stellte. Im Gegenteil verhielt er sich bei Fa-schingsveranstaltungen. Auch kommt seine Einstellung darin zum Ausdruck, daß er seine Wohnung in Oberrödern, sowie die Räumlichkeiten der Ehefrau blockiert hat, obwohl überall Wohnraummangel vorhanden ist.«

Paul Thomschke wußte gut, wie er im Staat auf seine Ko-sten kam. Er lebte neben dem sozialistischen System, bewahrte auch wirtschaftlich seine Selbständigkeit. Genossen erschien er suspekt. Pauls Geschäfte liefen. Pauls Geschäfte waren immer gelaufen. »1892 wurde der Gastwirt in Oberlichtenau geboren. Er heiratete eine Müllers-Tochter, die dem Gatten ihre Mühle überschrieb. Paul Thomschke baute um, man mahlte nunmehr auch mit Strom. Restauriert präsentiert sich heute das *Mühlen-werk Paul Thomschke* in Oberlichtenau. Drei Söhne wurden dem Ehepaar geboren. 1930 starb die Gattin. Thomschke hei-ratete 1933 eine Mühleneignerin aus Oberrödern, und erneut wurde Thomschke als Ehemann ins Grundbuch eingetragen. Die Mühle in Oberlichtenau hatte er an seinen Bruder verpach-tet. Die zweite Ehe wurde nach sechs Jahren geschieden. Die Mühle blieb Besitz von Thomschke. Der Krieg nahm ihm zwei seiner Söhne. Nach dem Krieg wurde Thomschke Landwirt und kaufte in Großdittmannsdorf ein Gut. Als absehbar, daß Landwirtschaft in Kollektiv und Gemeinschaft erfolgen sollte, später mußte, veräußerte Paul Thomschke seinen Besitz und erwarb in Radeburg das Hotel und Gasthaus *Zum Hirsch*. Die Wirtschaft ward schnell erstes Haus am Platze.«

Das Motiv der Bluttat liegt nah: Raub. Die Kasse und die Tassen mit dem Wechselgeld sind leer. Schmuck fehlt und Spirituosen und Tabakwaren. Sicherlich: Paul Thomschke hatte Neider. Er stellte seine gute finanzielle Lage nicht aus, aber man wußte darum. Als »überdurchschnittlich« wird sie eingeschätzt. Hotel und Restaurant machen Gewinn, knapp 20.000 MDN im vergangenen Jahr. Das Vermögen beläuft sich auf mehr als Einhunderttausend Mark. Thomschke verlieh Geld. Auch im Haus waren Finanzen, neben Genußmitteln fehlen diese. Die Gäste erinnern sich, am Abend des 2. November hat Paul Thomschke das Wechselgeld für das Konzert am Freitag zurechtgelegt. »Dazu verwendet er immer einen alten Schrankschieber in welchem mehrere Tassen stehen und zählt in diese die Biermarken und das Hartgeld. Die Geldscheine zählt er in eine Zigarrenkiste welche gleichfalls in dem Schieber vorhanden ist. Insgesamt würde er immer etwa 200,- MDN Wechselgeld vorbereiten. Der Schieber mit dem Wechselgeld wird dann vom Geschädigten immer in der kleinen Bar, welche gegenüber seiner Schafstube liegt, verwahrt. Der Schlüssel für die Tür zur kleinen Bar wird gleichfalls immer in der Kasse in der Theke verwahrt«, sagt Margarethe Tillmann. Die Tassen sind leer. Fingerabdrücke werden an ihnen festgestellt. Stets dieselben. Stets an gleicher Stelle. Genau dort, wo man sie vom Bord nimmt und in einem Zug ausschüttet. Gehören sie einem der Gäste vom Montagabend? Die Polizei unterzieht Besucher und Stammgäste einer Prüfung.

Eine andere Spur ist der Hammer. Im Stiel gespalten, mit einer Prägung versehen. Die Ermittler suchen mit einem Plakat und Fragen.

»Achtung!
Wer kann Angaben machen?
Bezugnehmend auf die Pressenotiz vom 7.11.1964 wendet sich die Volkspolizei an die Bevölkerung durch weitere Hinweise zur schnelleren Aufklärung des Verbrechens an dem Ehepaar Thomschke, in Radeburg beizutragen.
<u>Besonders interessieren folgende Fragen:</u>
Wer kann Angaben über den abgebildeten Hammer machen?
Wo fehlt ein solcher Hammer?
Wer hat am 3.11.1964, nach 01.00 Uhr, bis 5.11.1964, 09.00 Uhr, Licht im Gasthof *Zum Hirsch*, Radeburg, gesehen und in welchen Räumen?
Welche Personen befanden sich am 3.11.1964, zwischen 00.00 Uhr und 06.00 Uhr auf den Straßen von Radeburg, und wer kann Angaben über solche Personen machen?
Wo wurden Personen mit blutigen Kleidungsstücken auf Straßen oder in Verkehrsmitteln gesehen?
Hinweise, die auf Wunsch vertraulich behandelt werden, nimmt die Volkspolizeidienststelle Radeburg, Heinrich-Zille-Straße 9, entgegen.
Bild des Hammers: Gewicht 500 g, Länge des Stieles 26 cm, größte Breite des Stieles 3 cm, Stielende 10 cm gespalten, im Stiel befindet sich eine Einprägung von 5 mm°. Das Metallstück ist 11,5 cm lang und größte Breite 2,5 cm. Das Metallstück ist verrostet und der Stiel dunkel verschmutzt.«

Die Ermittlungsarbeit kann schnell abgeschlossen werden. Der Leiter der Dresdner Morduntersuchungskommission erhält aus den Händen des Ministers die »Medaille für ausgezeichnete Leistungen«. Denn »meisterhaft versteht es Genosse Wolf mit seinem Kollektiv die zusammengetragenen Fakten miteinander abzustimmen und zu wissenschaftlich-exakten Ergebnissen zusammenzufügen. Das Beispiel des am Tatort gefundenen Hammers soll dies demonstrieren:
· Die Bevölkerung wird durch Plakate, auf denen der Hammer abgebildet ist, aufgerufen, Angaben über das Tatwerkzeug zu machen.

- Der Zeuge X. gibt einen Hinweis auf den späteren Beschuldigten Sch.
- Ein anderer Zeuge macht Angaben, daß der spätere Beschuldigte Sch. plötzlich mehr Geld ausgibt, als seine Einkünfte es erlauben.
- An Behältnissen am Tatort, worin sich Geld befunden hatte, werden Fingerabdrücke gesichert.
- Im Hausflur wird ein mit Blutwasser getretener Sohlenabdruck als Spur gesichert.
- Der Beschuldigte Sch. wird in einem am Tatort (Gaststätte) verkehrenden Kreis von 60 Personen mit erfaßt und überprüft.
- Von Sch. macht sich die Abnahme von Vergleichsabdrücken erforderlich.
- Die Fingerabdruckspuren von den Geldbehältnissen am Tatort werden als die vom Verdächtigten Sch. stammenden vom Daktyloskopen ermittelt.
- Eine Wohnungsdurchsuchung beim Verdächtigten erbringt verstecktes Geld, Spirituosen, Zigarren und andere Genußmittel, die vermutlich Eigentum der Opfer waren.
- Die Wohnungsdurchsuchung erbringt männliche Bekleidungsstücke, die ausgewaschen sind, aber trotzdem noch Spuren von Menschenblut aufweisen.
- Mit den bei Sch. gefundenen und sichergestellten Pantoletten wurde der am Tatort vorgefundene Blutwassersohlenausdruck verursacht.

So wurde systematisch ein Beweismittel nach dem anderen zusammengetragen und wissenschaftlich durch Expertisen belegt. Es kommt vorerst nicht darauf an, ob der Täter ein Geständnis ablegt. Zu gegebener Zeit muß auch der hartgesottenste Lügner unter der Wucht der Beweise zusammenbrechen und ein umfassendes Geständnis ablegen ... Die überzeugenden Erfolge des Hauptmann Wolf und seines Kollektivs beruhen nicht nur in der sinnvollen Nutzung der Vorzüge unserer sozialistischen Gesellschaft bei der Verdrängung der Kriminalität und der Anwendung exakter wissenschaftlicher Mittel und Methoden der

Kriminalistik. Er besitzt auch die moralischen Qualitäten eines sozialistischen Menschen. Dieser Kriminalist liebt seinen Beruf. Seine Berufsehre läßt keine Pfuscharbeit zu. Ständig bemüht er sich um das ›Q‹ in seiner Arbeit. Operative Dienstzeitregelung ist für ihn seit Jahren selbstverständlich. Ob Tag oder Nacht, immer stellt er seine persönlichen Bedürfnisse zurück. Dabei ist er kameradschaftlich und bescheiden. Durch sein persönliches Beispiel spornt er jeden einzelnen des ganzen Kollektivs zu höchsten Leistungen an.«

Der Mörder Klaus Schuricht ist das genaue Gegenteil eines sozialistischen Vorbilds, und er wird dazu gemacht. Die Beurteilungen schildern ihn als einen arbeitsscheuen, unzuverlässigen Menschen. »Bisher führte er einen unmoralischen Lebenswandel, kümmerte sich wenig um seine Familie und verbrachte sehr viel Zeit in Gaststätten. Dort spielte er Skat, trank reichlich Alkohol und kam mitunter erst am nächsten Morgen nach Hause. Es kam auch vor, daß er früh betrunken zur Arbeit kam oder unter irgendeinem Vorwand der Arbeit fernblieb. Wiederholte Aussprachen durch Angehörige seiner bisherigen Arbeitsstellen führten bei dem Beschuldigten zu keiner Änderung seines bisherigen Lebenswandels. Der Beschuldigte hatte den größten Teil seines verdienten Geldes für sich selbst verbraucht. Die Notlage, in welcher sich die Familie befand, wurde durch den Beschuldigten selbst verschuldet.« Man weiß, Klaus Schuricht hat seine Frau geschlagen. Anderen hat er mit Totschlag gedroht. Die Kollegen distanzieren sich: »Mit tiefer Abscheu und mit großer Erregung haben wir, die Mitglieder der Brigade Schwenke, von der brutalen Tat Schurichts Kenntnis genommen. Klaus Schuricht, ehemaliges Mitglied unserer Brigade, war während seiner Tätigkeit in unserem staatlichen Forstwirtschaftsbetrieb als Arbeitsbummelant hinreichend bekannt. All unsere gutgemeinten Ratschläge und Kritiken, in Einzelgesprächen und in Brigadeversammlungen zum Ausdruck gebracht, blieben trotz fortwährender Versprechungen seinerseits ohne Erfolg. Während die Bevölkerung der Deutschen Demokratischen Republik ihrer friedvollen Arbeit nachgeht und große Leistungen zum Wohle aller vollbringt, war es das Bestreben von Schuricht, viel

Geld zu erwerben, ohne die nötige Arbeit zu leisten. Wie wir heute feststellen müssen, schreckte er in diesem Bestreben sogar vor einem Mord nicht zurück, was seinen verwerflichen Charakter am deutlichsten zum Ausdruck bringt. Wir können deshalb nur noch in tiefer Verachtung von ihm reden. Durch diese Tat hat Schuricht das Ansehen unserer Brigade, unseres staatlichen Forstwirtschaftsbetriebes sowie unserer gesamten Republik tief geschädigt. Wir ersuchen deshalb das Gericht im Falle Schuricht die höchstmögliche Strafe auszusprechen.« Auch andere fordern strengste Strafe. Das Gericht erhält Briefe des Volkszorns. »Da ich die in Radeburg ermordete Frau Thomschke sehr gut kannte u. uns eine Freundschaft verband – ich habe knapp zwei Jahre mit ihr zusammengearbeitet u. in dieser Zeit sie als sehr gutmütige, überaus fleißige anständige Frau kennengelernt. – Unfaßbar und unglaublich für mich, ihr so unverdient grausames Ende. – Der Zweck meines Schreibens an das Bezirksgericht ist, daß ich das Hohe Gericht bitte, daß der Mörder Kl. Schuricht, welcher die höchste Strafe, welche das Gerichtsurteil vergeben kann, erhält, niemals unter einen gegebenen Amnestieerlaß, begnadigt werden darf. – Selbst nicht nach Jahrzehnten, durch eventuell gute Führung. – Schuricht auf freiem Fuß würde bedeuten, ein Angriff auf Leben und Gesundheit unserer Bürger, deren Schutz im Interesse der Gesetzlichkeit liegt. – Ihrem Urteil, welches die Antwort der Rechtsorgane für das skrupellose Verbrechen in Radeburg ist, bitte ich dieses Schreiben mit beizuheften. Mit sozialistischem Gruß Irmgard Braun«.

Der Tatverdächtige Klaus Schuricht wurde am 2. Juli 1941 in Folbern, einem Dorf in der Nähe Großenhains geboren. Die Eltern waren Eigner einer Bäckerei mit angeschlossenem Ausschank, gerieten jedoch 1950 unter Spionageverdacht und wurden verhaftet. Die Erziehungsberechtigten des Jungen wechselten. Klaus Schuricht beginnt eine landwirtschaftliche Ausbildung und arbeitet mit auf dem Gehöft seines Bruders. Er wird Tiefbauarbeiter, Bohrer im Stahlwerk, Heizungsmonteurhelfer. Beruflich Karriere möchte Klaus Schuricht machen, die Restauration der Eltern übernehmen, und er weiß, daß gesellschaftliches Engagement dies fördert. Er heiratet Ursula. 1960 und zwei Jahre später werden dem paar Kinder geboren. 1963 kann sich Klaus seinen Berufswunsch erfüllen, er arbeitet als Buffettier in den Radebeuler Gaststätten *Völkerfreundschaft* und *Weintraube*. Später überträgt man ihm die Leitung des Restaurants *Weißes Rössel* in Radeburg. Dem *Hirsch* der Thomschkes liegt es gegenüber. Die Schurichts ziehen in dies Haus. Die beiden Geschäftsführer unterstützen einander bei Engpässen der Versorgung. Auch privat gewährt Paul Thomschke dem jungen Wirt und seiner Familie Darlehen. »Höchstens 50 Mark habe ich genommen, und stets hat er es wieder erhalten.« Klaus Schuricht wirtschaftet das *Weiße Rössel* ins Minus. Knapp 4000 Mark sind Fehlbetrag. »Er hat wegen laufender Differenzen diese Gaststätte aufgeben müssen. Während dieser Zeit hat er gut gelebt und sich viel gekauft. Ich habe durch verschiedene Unterhaltungen mit dem Küchenpersonal erfahren, daß er auch laufend mit der ganzen Familie in der Gaststätte gesessen und nicht bezahlt hat. Er hat die Gaststätte nicht gern aufgegeben. Ich weiß auch, daß er danach wieder gestrebt hat, eine Gaststätte zu übernehmen und bedingt eine wieder übernehmen wollte. Nachdem das damals mit der Übernahme der Gaststätte seine Eltern nicht geklappt hatte, hat er auch zu mir gesagt, daß ich schon sehen werde, wie er es macht. Er würde erst in die Partei und in die Kampfgruppe eintreten, und dann würde er schon eher etwas erreichen. Er war auch tatsächlich damals im ›Ausbau‹ in die Kampfgruppe und in die Partei eingetreten, und von dort aus hat er dann auch die erste HO-Gaststätte übernommen. Er hat mir gegenüber ganz offen zum Ausdruck gebracht, daß er nur in die Partei eintritt, damit er bei seinem Ziel, eine Gaststätte zu übernehmen, mehr Chancen hat. Wenn er nüchtern war, konnte man ganz gut mit ihm auskommen. Wenn er getrunken hatte, war es vorbei. Er hat Streit angefangen und sich gehen lassen, daß die Leute nur mit den Köpfen geschüttelt haben. Vor allem hat er auch getrunken wie ein Verrückter. Vor allem Schnaps hat er jede Menge getrunken. Er hat auch öfter einen für mich und andere ausgegeben, aber mehr, wenn wir in anderen Gaststätten waren. Nachdem er aus dem *Rössel* raus war, hat er erst eine ganze Zeit nichts gemacht. Er wollte immer wieder rein in die Gaststätte und hatte bis zuletzt Hoffnung. Da aber daraus nichts wurde, hat er bei den Forstbetrieben als Harzer angefangen.« Der Lohn im Forst wird schwer verdient. Manche Gelegenheit bietet sich dem Klaus Schuricht, schnell und illegal besseres Auskommen zu sichern. Seine Frau tut bei Diebstählen mit, sie tut es selbst.

Im Sommer 1964 erdrücken Schulden die Familie. Der Vater kündigt seine Lebensversicherung. Das Geld ist schnell ausgegeben. Die Raten für ein Motorrad sind fällig. Der Rat der Stadt fordert vom Vater die »Rückzahlung der verlagsweise gezahlten Fürsorgebeträge an die Familie, die sie nur mit dem Hinweis erhalten habe, daß selbige rückzahlungspflichtig seien, da sie persönlich ja voll arbeitsfähig waren. Da sie nun schon längere Zeit wieder in Arbeit stehen und sich wirtschaftlich erholen konnten, bitten wir um ihre Vorschläge«. Klaus Schuricht hat keine Vorschläge, er borgt. Paul Thomschke schießt ihm 2000 Mark vor, da er den Schuldner und dessen finanzielle Lage kennt, verpflichtet er ihn, im *Hirschen* auszuhelfen. Unentgeltlich. Thomschke wird die Arbeitsleistung mit dem Darlehen verrechnen. Fühlte Klaus Schuricht sich gedemütigt? Im Umgang war Paul Thomschke wenig fein, mancher empfand die Arbeit unter ihm erniedrigend. Thomschke war geizig, er war hart. Schuricht steht meist hinter der Bar im Konzertsaal, kellnert. Auch in der Freizeit ist er im *Hirsch* zu Gast. Er spielt. Er redet. Er trinkt. Am Montag, den 2. November weilte er auch bei den Thomschkes, sah, wie Paul die Wechselgelder in die Tassen zählte, sah dessen dicke Brieftasche, die ein roter Gummi hielt. Klaus Schuricht blieb nicht lang, gegen 23.15 verließ er das Lokal. Angeblich. Seiner Frau hatte er bereits die Anweisung gegeben, für ihn im gegenüberliegenden Haus die Türe des nächtens wieder aufzuschließen. Sie tat's. Ursula Ullrich hörte zu, als ihr Mann nach vier Uhr nachts zurück in ihre Wohnung kam. Sie war es auch, die der Polizei berichtete. Ihr Mann leugnete. Er blieb bei seinem Leugnen. »Verstockt bis zuletzt« titelte die Zeitung.

Ihr Mann »habe sich nach Verlassen der Wohnung in die

Gaststätte *Zum Hirsch* begeben und in der Zeit zwischen 23.15 bis 23.30 Uhr verließ er die Gaststätte durch den hinteren Eingang Großenhainer Straße. Zu diesem Zeitpunkt sei die Tür noch nicht verschlossen gewesen. Nachdem er kurze Zeit vor dem hinteren Eingang gewartet hatte, betrat er durch diesen erneut wieder das Grundstück und ging sofort in die erste Etage, wo er sich in einer Toilette versteckte. Zu einer späteren Zeit habe er gehört, wie der Paul hochgekommen ist und oben auf der Treppe nach seinem Nachthemd gerufen habe. Es sei dann auch jemand nach oben gekommen, um vermutlich das Nachthemd zu bringen. Nachdem Ruhe in der Gaststätte eingetreten war, habe der Beschuldigte die Toilette verlassen und sei nach unten gegangen. Zu diesem Zeitpunkt sei die Else aus der Küche herausgekommen, und er habe ihr mehrmals mit einem Hammer auf den Kopf geschlagen. Sie habe dabei Laute von sich gegeben und sei zu Boden gefallen. Weil sie weiter geschrien hat, habe er auch in das Gesicht geschlagen und dabei sei der Hammer zerbrochen. Anschließend ist er in die erste Etage gegangen und begab sich zum Schlafzimmer Thomschke. Die Schlafzimmertür stand einen Spalt offen. Im Schlafzimmer brannte Licht und der Thomschke lag im Bett. Er habe sich aufgerichtet und fragte, wo die Else sei. Daraufhin habe er zur Antwort gegeben, daß sie sich noch unten aufhält. Auf die Frage, ob noch weitere Personen unten sind, sagte er, daß die Margarethe und ihr Mann noch anwesend sind. Weiterhin fragte der Thomschke, was er überhaupt hier suchen würde. Daraufhin will mein Mann gesagt haben, daß er Bargeld braucht. Thomschke habe daraufhin erklärt, daß er kein Geld habe. Gleichzeitig langte er nach seiner Hose und versuchte, aus dem Bett zu steigen. In diesem Augenblick habe mein Mann mit der Hand auf Thomschke eingeschlagen und es kam zu einem Handgemenge. Dabei habe er festgestellt, daß der Thomschke noch, trotz seines Alters, über allerhand Kräfte verfügt, und er große Mühe hatte, diesen zu überwältigen. Während des Kampfes habe mein Mann nach einem Lederriemen gegriffen, welcher auf der Lehne eines Stuhles gelegen hat. Diesen Riemen hat er um den Hals des Thomschke gelegt und zugezogen. Danach schleppte er den Thomschke nach dem Keller. Weil diese Tür verschlossen war, hatte er erst den dazugehörigen Schlüssel geholt ... Anschließend warf er den Paul in einen Brunnen, welcher sich im Keller befindet. Auf die Frage der Ehefrau, was sich in dem Brunnen befindet, habe der Beschuldigte gesagt, daß Wasser darin ist. Anschließend ist er zum Hausflur gegangen und habe die Else gleichfalls in den Keller geschleppt und in den Brunnen geworfen. Danach habe er das Blut vom Hausflur aufgewischt und den Eimer mit dem zerbrochenen Hammer gleichfalls in den Brunnen geworfen. Nachdem er den Brunnen wieder abgedeckt habe, ging er in die erste Etage und durchsuchte das Schlafzimmer der Wirtsleute und das Lager bzw. den Abstellraum. Er habe nicht gesagt, was er im einzelnen dort gefunden hat. Ferner hat er unten in der Gaststätte gesucht und auch hierzu nicht geäußert, was er dort gefunden hat. Nach dieser Schilderung fragte die Ehefrau den Beschuldigten, ob er auch alles reichlich überlegt habe, was er gemacht hat. Daraufhin habe er zu verstehen gegeben, daß er es nur aus Liebe zur Ehefrau getan hat und er auch seine Schulden begleichen wollte.«

Ursula Schuricht ist geständig, die Beweisaufnahme abgeschlossen. Anklage wird erhoben. Zur Last gelegt wird Klaus Schuricht:

Am 3.11. gegen 2.00 Uhr das Gaststättenehepaar Elsa und Paul Thomschke in Radeburg vorsätzlich getötet und beraubt zu haben.

In der Zeit von Mai bis Juni 1961 von seinem Bruder in Folbern einen Motor entwendet zu haben.

In der Zeit von 1960 bis 1961 während seiner Tätigkeit im VEB Ausbau auf der Baustelle Flugplatz Großenhain drei Sack Zement gestohlen zu haben.

Im November 1963 eine Unterschlagung begangen zu haben, indem er bei der Übergabe des Inventars sich rechtswidrig Gläser, Tischdecken und Handtücher zueignete.

Seiner Ehefrau im Frühjahr bis Sommer 1964 bei einem Einsteigediebstahl im Keller der HOG *Rössel* in Radeburg Beihilfe bei einem Kartoffeldiebstahl leistete.

Ende Juli, Anfang August 1964 gemeinsam mit seiner Ehefrau am Niederteich in Kleinnaundorf acht Enten gestohlen zu haben.

Ende September, Anfang Oktober 1964 von einem Feld in der Nähe von Ortrand ca. 1,5 Ztr. Weißkraut gestohlen zu haben.

Ende September, Anfang Oktober 1964 bei seiner Rückkehr in die Wohnung mit seinem Haustürschlüssel versucht zu haben, die Kellertür der HOG *Rössel* in Radeburg zu öffnen.

Am 25.10.1964 im Forstbereich Kamenz aus einem Faß ca. 130 kg Harz gestohlen zu haben.

Am 28.10.1964 von einer Wiese in Bärwalde ein Schaf gestohlen zu haben.

Ende Oktober 1964 gemeinsam mit seiner Ehefrau im Forstrevier Ebersbach etwa 1 m² Holz entwendet zu haben.

»Vier Tage – vom 17. bis 20. Mai – währte die Beweisaufnahme im Prozeß gegen Klaus Schuricht vor dem Bezirksgericht in Dresden ... (es) bestätigte sich die Anklage. Schuricht leugnete, die Tat begangen zu haben. In diesem Zusammenhang muß erwähnt werden, daß durch Gutachten festgestellt wurde, daß Schuricht für die Begehung der Tat vollkommen zurechnungsfähig ist. In der Verhandlung benahm er sich völlig unbeeindruckt, ungerührt und unbeteiligt. Schuricht ist nicht in der Lage Entlastungsmomente anzuführen. Die wenigen Einlassungen, die er macht, werden ihm insbesondere vom Vertreter der Staatsanwaltschaft des Bezirkes widerlegt. Während der Beweisaufnahme wurde ihm mehrmals die Unglaubhaftigkeit und Unwahrheit seiner Einlassungen nachgewiesen ... Der Saal des Bezirksgerichtes war an den vier Tagen der Beweisaufnahme bis auf den letzten Platz gefüllt. Weitere Bürger begehrten täglich vergeblich um Einlaß. Die Zuschauer bringen in den Verhandlungspausen ihre Empörung über das Verhalten des Angeklagten zum Ausdruck.« Der Staatsanwalt beantragt lebenslange Zuchthausstrafe und Verlust der bürgerlichen Ehrenrechte auf Lebenszeit. Schurichts letzte Worte vor dem Richter: »Ich habe mit dem Mord nichts zu tun, und ich kann auch nicht sagen, wer der Täter ist.«

»Der Senat hat auf Todesstrafe erkannt. Diese Abweichung vom gestellten Strafantrag wird wie folgt begründet. Der Angeklagte hat seit seinem 18. Lebensjahr ständig nach unredlichen Erwerb getrachtet, um ohne eigene Arbeit in den Genuß der Ergebnisse der Arbeit seiner Mitbürger zu gelangen. Er bummelte häufig die Arbeit, beging zahlreiche Diebstähle, nutzte rücksichtslos die eigene Ehefrau aus, indem er sie für sich arbeiten ließ und zum Diebstahl anhielt, kam seinen Unterhaltspflichten gegenüber der Familie nur äußerst ungenügend und mitunter überhaupt nicht nach und brachte dadurch seine Familie in eine wirtschaftliche Notlage. Das Geld, das er verdiente oder das er sich auf unehrliche Weise verschaffte, vertrank er zum größten Teil in Gaststätten. Jedem Versuch der positiven Einwirkung durch seine früheren Arbeitskollegen im VEB Ausbau und in der Staatlichen Forstverwaltung setzte er bewußt Widerstand entgegen, weil er gar nicht daran dachte, sein Verhalten und seine parasitären Gewohnheiten zu ändern. Der ganze Lebenslauf des Angeklagten beweist, daß es sich bei ihm um einen egoistisch und parasitär eingestellten Menschen handelt, der ohne Rücksicht auf die Interessen seiner Mitbürger und der eigenen Familie stets nur an sich dachte. Als er durch seine im höchsten Maße unmoralische und haltlose Lebensweise in finanzielle Schwierigkeiten geriet, entschloß er sich bedenkenlos zur Tat, die den Gegenstand des Strafverfahrens bildete. Von blinder Habgier besessen, trachtete er danach, seine wirtschaftliche Lage um den Preis seiner beiden Opfer zu verbessern.

Tötungsverbrechen gehören in unserer sozialistischen Gesellschaft zu den schwersten Verbrechen, weil sie zutiefst den humanistischen Anschauungen der sozialistischen Gesellschaft widersprechen. Aber der Angeklagte brachte ohne jede menschliche Regung rücksichtslos und brutal zwei Menschen um, mit denen er jahrelang bis zuletzt vertrauensvollen Umgang gepflegt hatte. Gewissenlos opferte er um seiner egoistischen Motive willen das Leben von zwei Menschen, die ihm nie etwas Böses zugefügt hatten. Er tötete Frau Thomschke auf besonders scheußliche Art und Weise und erklärte in der Hauptverhandlung, sie sei wie eine Mutter zu ihm gewesen. Kalt und ohne jede menschliche Regung warf er die beiden Leichen in den Brunnen. Kalt und berechnend traf er danach Maßnahmen, um der Entdeckung und Festnahme zu entgehen, indem er seine Frau beeinflußte. In der gleichen Richtung liegt sein gesamtes Verhalten während der Ermittlungsverfahren und der Gerichtsverhandlung. Kalt und gefühllos, ohne jede menschliche Regung ist er auch hier nur um sein eigenes ›Ich‹ besorgt gewesen. Aufgrund des beim Angeklagten vorhandenen und sein bisheriges Leben in den letzten Jahren triebhaften Egoismus und seiner parasitären Einstellung sowie auf Grund der von großer Brutalität und äußerster Gefühlsrohheit gekennzeichneten Tatausführung ist der Ausspruch der Todesstrafe erforderlich. Das verlangen der Schutz unserer Gesellschaft und die Aufrechterhaltung der Ordnung und Sicherheit. Diesem Strafausspruch steht auch nicht die Tatsache entgegen, daß der Angeklagte bisher kein Geständnis abgelegt hat. Die Gesamtheit der der mittels Indizien in diesem Strafverfahren erbrachten Beweise vertritt den lückenlosen Nachweis, daß der Angeklagte schuldig im Sinne seiner Verurteilung ist. Für den Senat bestehen deshalb nicht die geringsten Zweifel an der Schuld des Angeklagten. Es würde nach Auffassung des Senats bei unseren Werktätigen mit vollem Recht auf Unverständnis stoßen, wenn ein Mörder, obwohl seine Schuld lückenlos bewiesen ist, bei Vorliegen auch der sonstigen Voraussetzungen der höchsten Strafe nur deshalb entgehen sollte, weil er infolge ›guter Nerven‹ und Kälte des Gefühls kein Geständnis ablegt. Es könnte daraus der für die Verbrechensbekämpfung auf diesem Gebiet nachteilige Schluß gezogen werden, daß es genüge, sich in einem ähnlichen Falle nach dem Beispiel des Angeklagten Klaus Schuricht zu richten, um die Anwendung der höchsten Strafe zu vermeiden. Der Angeklagte hat sich mit dem von ihm begangenen Doppelmord außerhalb der sozialistischen Gesellschaft gestellt und deshalb das Recht verwirkt, in ihr zu leben.«

Das Todesurteil wird vollstreckt. Die Hinrichtung ist eine der letzten in der DDR, um Aufnahme in die UN zu erhalten, bemühte sich die DDR um Wahrung der Menschenrechte und verbot die Todesstrafe – zumindest bei Zivilprozessen. Die Militärgerichtsbarkeit verurteilte auch weiterhin zum Tod. 1981 wurde in Leipzig das letzte Todesurteil vollstreckt. Zeugen glaubten, Klaus Schuricht im Zuchthaus Brandenburg begegnet zu sein. Ein Gerücht ließ ihn 1988 sterben. Die Akte belegt die Hinrichtung zumindest indirekt. Die haftentlassene und mittlerweile geschiedene Ursula Schuricht benötigt für den Antrag auf staatliche Fürsorge den Beweis des Todes ihres Mannes. Der Staatsanwalt hinterlegt die Aktennotiz: »Eine Sterbeurkunde zu dieser Strafsache habe ich dem Rat des Kreises Großenhain ausschließlich zu behördlichem Gebrauch übersandt.«

Quellen

Rita und Eckhard Jünemann, Lehrte
Klaus Kroemke, Radeburg
Akten des Sächsischen Staatsarchivs, Leipzig
Sächsische Tageszeitungen 1964/65, besonders der *Dresdner Kreisexpreß*

Vorbild: Johann Sebastian Bach

Wie das Musikgenie Kriminalgeschichte schrieb,
Leipzig 1894/1994

> Lieber Herr Gott, wecke uns auf
> *Text der Motette bei Bachs Begräbnis*

Herbst, die Zeit des Pilzesammelns. Im Spätnachmittag des 4.
September 1994 scharrt der Hund eines Spaziergängers einen
menschlichen Oberarmknochen frei. Er steckt noch zur Hälfte
im Boden des aufgeforsteten Jungwalds im Tagebau Zwenkau.
Der Fundort wird abgesperrt. Die Polizei entdeckt »eine teilweise verweste Leiche, eingepackt in textile Auslegware«. Sie
war in 80 cm Tiefe vergraben. Es ist der Köper eines Mannes.
Das Gesicht ist aufgrund der langen Liegezeit nicht mehr erkennbar. Doch die Spuren deuten auf Mord hin. »Die Leiche
weist Einschußverletzungen im Kopfbereich auf, ein Projektil
wird später im Schädel gefunden. Zuerst glaubte man, daß der
Unbekannte schnell bekannt gemacht werden kann. Bei der
Obduktion wurde eine Siebenlochplatte im linken Unterschen-
kel festgestellt.« Eine nicht häufige Operation, die dokumen-
tiert sein mußte. Aber die Recherchen an den Krankenhäusern
bleiben erfolglos. Auch Fahndungsaufrufe und der Vergleich
mit vermißten Personen führen nicht zur Identität. Ein unbekannter Toter. Er bleibt es drei Jahre lang.

Dann schaute ein Leipziger Ermittler Fernsehen. Eine Repor-
tage zeigte den Fall einer nicht identifizierten weiblichen Leiche
aus dem Regierungsbezirk Bonn. Auch da waren von der Toten nichts als die Knochen geblieben. Eine Spezialabteilung der
Gerichtsmedizin versucht, Gesichter anhand des Schädels zu
rekonstruieren. Jedoch sind da die Wartezeiten lang, was die Er-

mittlungen nicht schnell voranbrachte. Im Dokumentarfilm fanden die Kriminalisten einen anderen Weg: Sie fragten das FBI um Hilfe. Der Schädel wurde in die USA transportiert. Die Knochen wurden dort gescannt. Ein eigens entwickeltes Programm setzte den Schädelknochen optisch wieder Fleisch und Haut auf. Das erstellte Gesicht wurde auf Fahndungsplakate gedruckt. Die Identität der Toten konnte geklärt und der Mörder überführt werden. Was in Bonn möglich war, das mußte in Leipzig auch gelingen! Über das Konsulat wurde der Kontakt zur amerikanischen Bundespolizei hergestellt. Sie »zeigte sich kooperativ und entsandte sogar einen Agenten nach Leipzig, damit alle Schritte ordnungsgemäß abgestimmt werden konnten. Am 3. April 1998 erfolgte die Übersendung des Schädels per Luftfracht.«

Als plastische Gesichtsrekonstruktion »wird der Versuch bezeichnet, das äußere Erscheinungsbild des Gesichtes bzw. des Kopfes verstorbener oder verschollener Personen in einem möglichst lebensnahen dreidimensionalen Modell nachzubilden. Zu Anfertigungen von Gesichtsrekonstruktionen werden in der Regel vorliegende Schädelteile oder Daten aus medizinischen bildgebenden Verfahren, aber auch Fotografien der Person in Verbindung mit anatomischen Erkenntnissen aus der forensischen Medizin verwendet.« Die forensische Gesichtsrekonstruktion stellt häufig die letzte Möglichkeit auf dem Weg zur Identifizierung von menschlichen Überresten dar.

Die Wiederherstellung von Gesichtern auf Schädelknochen ist seit Jahrhunderten bekannt, jedoch diente sie nicht zu wissenschaftlichen Zwecken, sonder kultischer Verehrung. In Palästina fand man Köpfe, die bereits vor 7000 Jahren auf alten Knochen neu erschaffen worden waren. Aus Gips waren die Gesichter geformt, die Augen aus Muschelschalen. Im 17. und 18. Jahrhundert entstanden in Europa zahlreiche naturgetreue Wachsmoulagen, um die Krankheitssymptome den Studenten vorzuführen. Museen zeigen die Gesichter bis heute. »Der erste Versuch das realistische Aussehen eines Verstorbenen anhand seines Schädels nachzubilden gehen auf den Anatomen Wilhelm His zurück, der 1895 den Kopf Johann Sebastian Bachs aufgrund aktueller wissenschaftlicher Erkenntnisse rekonstruierte.«

Leipzig ist heute sehr stolz auf den großen Musensohn, feiert Feste in seinem Namen und verleiht Preise. Zu seinen Lebzeiten hatten die Stadtväter den »Director Musices und Cantor« nicht allzu gern. Schon bei seiner Anstellung war Johann Sebastian Bach nur dritte Wahl unter den Bewerbern. Die anderen wie Georg Philip Telemann hatten denn doch auf den Posten in Leipzig verzichtet. Dann angestellt erhielt Bach seinen Lohn unregelmäßig ausgezahlt. Die Bachin veräußerte manch privates Gut wie Notenblätter, um die Familie zu versorgen. Auf diese finanziellen Nöte weist am neuen Bachdenkmal vor der Thomaskirche die leere Manteltasche hin. Carl Seffner hat das Standbild nach neusten wissenschaftlichen Erkenntnissen geschaffen. 1906 wurde es an diesem Platze aufgestellt. Heute gilt das Denkmal als das lebensnahe Abbild Johann Sebastian Bachs. Als der Künstler 1750 starb, nahm keiner einer Totenmaske. Die Leipziger begruben ihn anonym auf dem Johannisfriedhof. Überliefert nur, daß man zur Grablegung die Motette seines Verwandten Johann Christoph Bach spielte: »Lieber Herr Gott, wecke uns auf«. Nicht nur musikalisch, auch bildlich ist ihm dies gelungen. Doch zunächst war Bach tot und wurde vergessen.

Felix Mendelssohn Bartholdy erkannte die Größe und Geltung des Komponisten 90 Jahre später. Er holte die Werke Johann Sebastian Bachs zurück in Konzerthallen und Kirchen. Leipzig begriff, welch Genie es einst beherbergt hatte. Bachs Grabmal hätte der Stadt gut zu Gesicht gestanden. Eine Touristenattraktion wäre es gewesen – keine Frage.

Aber »die Spur seines Grabes war im Lauf der Jahre verloren worden. Nur eine unverbürgte mündliche Tradition gab an, daß er in der Nähe des Südportales der Johanniskirche liege«. Dort hatten Enthusiasten zum 200. Geburtstag 1885 des Komponisten einen Gedenkstein am Portal anbringen lassen. »Auf dieser Seite des ehemaligen Johanniskirchhofs wurde Johann Sebastian Bach am 31. Juli 1750 begraben.« Eine Wiederauffindung des tatsächlichen Grabes hatten Historiker »für ein hoffnungsloses Unternehmen« erklärt. »Gleichwohl hat der Vorsitzende des Kirchevorstandes zu St. Johannis den Muth nicht verloren und bei Anlaß des Umbaus der Johanniskirche 1894 Nachgrabungen veranstaltet, zu denen er mich als Sachverständigen hinzugezogen hat«, berichtet der Professor für Anatomie Wilhelm His. Die Forschungen förderten eine Steuernotiz zu Tage aus der hervorging, »daß Bach in einem eichenen Sarg beerdigt worden sei. Da man überdies wußte, daß Bach zur Zeit seines Todes 65 Jahre alt war, so waren dies die drei Vorbedingungen erfolgreicher Forschung: die Auffindung eines eichenen Sarges mit den Resten eines älteren Mannes in dem von der Tradition bezeichneten Kirchhofgebiet.«

Die Suche war erfolgreich. Ein solch eichener Sarg »wurde nun in der That am 22. October 1894 aufgefunden, und die in demselben enthaltenen Gebeine wurden sorgfältig gesammelt.« Aber aufgrund welcher Indizien durfte man behaupten: Das sind die Knochen von Johann Sebastian Bach?

Wilhelm His stand »nun aber kein anderes Hilfsmittel zu Gebot, als die Vergleichung des Schädels mit den Bildern Bachs«. Zuerst nahm er die Knochen in Augenschein. »Die vorgenommene Vergleichung hat die Möglichkeit ergeben, daß der Schädel ächt sein könne. Insbesondere fiel es auf, daß der Unterkiefer am Schädel gegen den Oberkiefer etwas hervortrat, eine Eigenthümlichkeit, die auch an den Bildern Bachs wiederkehrte. Andere gemeinsame Charaktere der Bilder und des Schädels waren die niedrigen Augenhöhlen und die tief eingesetzte kräftige Nase. Mehr als die Möglichkeit des Ächtseins der Gebeine war auf diesem Wege nicht zu erreichen.«

Wissenschaftlich-technische Hilfsmittel, wie wir sie heute kennen, standen vor 120 Jahren nicht zur Verfügung. DNA-Analyse und Computeranimationen gab es noch nicht. So sagte sich Professor Wilhelm His, »daß ein erfahrener Künstler die Angelegenheit um einen wesentlichen Schritt weiter führen könne. Wenn es nämlich gelingen sollte, unter Innhaltung der nöthigen Vorsichtsmaßregeln, über den Schädel oder über seinen Abguß eine ähnliche Porträtbüste von Bach zu formen, so war die Möglichkeit der Ächtheit in eine Wahrscheinlichkeit umgewandelt. Der Grad dieser Wahrscheinlichkeit mußte wachsen mit der Genauigkeit, mit der sich die Nachbildung an ihre Vorlagen halten und zugleich den anatomischen Gesetzen der Gesichtsbildung gerecht werden konnte.«

Beim Studium der bildenden Künste sind Kurse in Anatomie obligatorisch. Maler und Bildhauer üben am menschlichen Modell, wie Proportionen und Haltungen darzustellen sind. Von Leonardo da Vinci bis Picasso oder Werner Tübke existieren Skizzenhefte, die den Mensch an sich nur zeigen. Der Medizinprofessor zog den Schluß, daß ein Künstler aus einem Schädel schneller und exakter als er selbst es vermochte, das Gesicht wieder herzustellen. Und so bat Wilhelm His den Kunstprofessor Carl Seffner, der »schon nach kurzer Zeit zu sehr ermuthigenden Ergebnissen gelangte.«

Doch genügte nicht, daß Carl Seffner einfach nach Gutdünken Gips und Ton über die Knochen legte. Sein Vorgehen mußte wissenschaftlichen Ansprüchen genügen. Und so hatte Wilhelm His »im Laufe des Winters an 37 menschlichen Leichen die Dicke der Weichtheile in den verschiedenen Bezirken des Gesichtes gemessen. Aus den bezüglichen Werthen wurden die bei 8 gesunden älteren Männern gefundenen ausgeschieden und deren Mittel berechnet. Diese berechneten Mittelmaasse habe ich Herrn Seffner mit der Vorschrift übergeben, bei der Entwerfung der Büste an dieselben sich zu halten. Herr Seffner hat nun die dem Schädel aufgesetzte Thonmaske von vornherein so angelegt, daß ihre Dicke den einzelnen Gesichtsbezirken den vorgeschriebenen Maassen entsprach. Bei Innehaltung dieser Maasse hat er aber eine Büste zu schaffen vermocht, die die wesentlichen Eigenschaften der als Vorlage brauchbaren Bilder Bachs in sich vereinigt und die an Leben und charaktervollen Ausdruck jedes einzelne der Bilder übertroffen hat. Damit war mehr erreicht, als man je hatte hoffen dürfen, und die vom Rath der Stadt Leipzig zur Prüfung der Angelegenheit niedergesetzte Commission konnte mit gutem Gewissen ihr Urtheil dahin abgeben, daß die am 22. October 1894 im Johanniskirchhof aufgefundenen Gebeine eines älteren Mannes höchst wahrscheinlich die von Johann Sebastian Bach seien. Nur ein Zufall recht unwahrscheinlicher Art hätte uns bei dieser einen Ausgrabung einen fremden Schädel von sehr ausgeprägten und keineswegs gewöhnlichen Formen in die Hände führen können, der den in Bezug auf Ächtheit zu stellenden Bedingungen in dem Maasse entsprochen hätte, wie dies bei dem vorliegenden der Fall gewesen ist.«

Bis in die Gegenwart bestätigten Spezialisten wie Zahntechniker, Anatome und Pathologen, daß der 1894 gefundene Leichnam der des großen Komponisten sei. Der Tote war ein »keineswegs sehr großer, aber wohlgebauter Mann«. Die Rekonstruktion machte die Körpermaße Johann Sebastian Bachs bekannt. So wurde aus den Oberschenkelknochen die Größe von 166,8 cm errechnet. Die »Capazität des Schädels maass 1479,5 ccm«. Beides Durchschnittwerte der damals in Deutschland lebenden Männer. Die Identität Johann Sebastian Bachs ist mehrmals bestätigt worden. So bei der Umbettung von Bachs Gebeinen im Jahre 1949. Dabei hatte »der Berliner Chirurg Wolfgang Rosenthal erneut Gelegenheit, die Gebeine des Thomaskantors in Augenschein zu nehmen. Auffallend kräftig hervorspringend waren die Muskellinien am Oberarm- sowie an den Unterarmknochen. Es machte den Eindruck, daß der Inhaber sich mit seinen Armen bei Lebzeiten von Jugend an kräftig betätigt hätte.« Auch stellte man »besondere Knochenwucherungen fest an Fersenbein und Beckenring, wie sie als Organisten-Sporn bekannt sind«. Daß der Tote ein sehr gutes Gehör gehabt haben mußte, hatte bereits Wilhelm His bewiesen.

2008 war der Schädel erneut Grundlage einer Rekonstruktion. »Zwei Tage brauchte Caroline Wilkinson für Bachs Kopf. Die Vorarbeiten, also das Einlesen der Maße des Schädels in den Computer, die virtuelle Hinzufügung von weichem und festem Gesichtsgewebe nach wissenschaftlich ausgeklügelten Erkenntnissen, die Färbung der Haut und der Augen dauerten insgesamt einen Monat.« Das entstandene Gesicht verglich man mit dem von Carl Seffner geschaffenen. »Diese beiden könnten Zwillingsbrüder sein. Ja, daß der neue, wahre Bach genauso aussieht wie der alte, wahre Bach, das ist doch letzten Endes ein beruhigendes Ergebnis.«

Caroline Wilkinson betont, daß das Gesicht zu 70 Prozent dem des wirklichen Bach entspreche. Vollständige Sicherheit brächte nur eine DNA-Analyse der Knochen im Vergleich mit denen der Nachfahren Bachs. Allerdings birgt diese Untersuchung für die Bachstadt Leipzig Risiken. Vielleicht ist es der Schädel Bachs doch nie gewesen. Grab und Denkmal wären falsch, und die Touristenmagneten wären keine mehr. Ein fehlgeschlagenes Beispiel existiert: Schiller hat nie in der Weimarer Dichtergruft gelegen, obwohl man es bewiesen glaubte.

Das Gesicht des im Zwenkauer Tagebau gefundenen ermordeten Mannes vermochte man so lebensnah zu rekonstruieren, daß man es auf Fahndungsplakaten zeigen konnte. Die Polizei bat die Bevölkerung im Februar 1999 um Mithilfe und war damit erfolgreich. Ein Hinweis auf Matthias B. erwies sich als wahr. »Innerhalb einer Woche nach der Veröffentlichung der Bilder konnten fünf verdächtige Personen recht zügig ermittelt und des Mordes an Matthias B. überführt werden.« Ein Paar aus Schleswig-Holstein, ein Paar aus Leipzig und ein Hallenser wurden verhaftet. Die Tat hatten sie bereits im Jahre 1992 begangen. Die Sechs hatten sich zusammengeschlossen und führten gemeinsam Diebstähle und Einbrüche aus, sie raubten und betrogen mit gefälschten Schecks. Die Tatverdächtigen sagten aus, bei der Verteilung der Beute sei es zum Streit gekommen. »Da die Gruppe den Verdacht hegte, daß B. sie bei der Polizei verpfeifen könnte, kam man überein, daß Matthias B. getötet werden mußte.«

Die Täter gestanden. Der 31jährige Mike K. hatte den Mord an Matthias B. begangen. Die Tatwaffe war eine Browning, Kaliber 6,35 mm gewesen. Einen Schalldämpfer hatte Mike K. benutzt und Matthias B. in seiner Wohnung auf der Demmeringstraße 32 erschossen. Das Opfer schlief. Mike K. drückte dreimal ab. »Danach brachte ihn die Gruppe gemeinsam in einem Transporter in den Tagebau Zwenkau, wo sie ein Grab aushoben und den B. hineinlegten.« Das geschah am 20. April 1992. Zweieinhalb Jahre später hatte der Hund eines Pilzsammlers die Knochen des Toten aus dem Waldboden gescharrt. Sieben Jahre nach der Tat waren die Mörder überführt.

Die Schädelknochen Johann Sebastian Bachs legten den Grundstein für die Rekonstruktion unbekannter Gesichter. In diesem Sinn schrieb der Komponist nicht nur Musik-, sondern auch Kriminalgeschichte.

Quellen

Leipziger Volkszeitung
Wilhelm His: *Anatomische Forschungen über Bachs Gebeine.*
   Leipzig 1994.
Peter Williams: *J. S. Bach.* Hamburg 2009.
Gerd Müller: *Hier Kripo Leipzig ...* Leipzig 2011.